AI와 일자리

인공지능총서

인공지능 시대입니다. 기계가 인간의 인지를 대신하고, 사물이 인간을 통하지 않고 다른 사물과 직접 커뮤니케이션합니다. 이에 따른 인간 삶과 문명 변화를 정확히 이해·예측·대응하는 것은 이 시대 우리 모두의 과제입니다. 인공지능총서는 인공지능 기술과 환경의 여러 주제를 10가지 키워드로 정리합니다. 관련 개념과 이론, 학계와 산업계의 쟁점, 우리 일상의 변화를 다룹니다. 인간과 기술의 현재, 미래를 세심히 분석합니다.

일러두기

- 인명, 작품명, 저서명, 개념어 등은 한글과 함께 괄호 안에 해당 국가의 원어를 병기했습니다.
- 외래어 표기는 현행 어문규정의 외래어표기법을 따랐습니다.

처음이세요?

전문가세요?

AI와 일자리

김창일

대한민국, 서울, 커뮤니케이션북스, 2025

AI와 일자리

지은이 김창일
펴낸이 박영률

초판 1쇄 펴낸날 2025년 11월 3일

커뮤니케이션북스(주)
출판 등록 2007년 8월 17일 제313-2007-000166호
02880 서울시 성북구 성북로 5-11
전화(02) 7474 001, 팩스(02) 736 5047
commbooks@commbooks.com
www.commbooks.com

ISBN 979-11-430-1442-9 03500

책값은 뒤표지에 표시되어 있습니다.

차례

AI 시대 일자리는 어떻게 변화하는가

AI 시대의 도래, 일자리의 변화

인공지능(AI)이 가져올 노동시장 변화에 대한 관심이 그 어느 때보다 뜨겁다. 18세기 산업혁명, 20세기 정보화 혁명에 이어, 21세기 AI 혁명은 일자리의 성격을 근본적으로 재편하고 있다. 과거 기술 혁신이 주로 블루칼라 노동을 자동화했다면, 생성형 AI의 등장은 화이트칼라 영역까지 자동화 가능성을 확장하며 변화의 범위를 크게 넓히고 있다. 기업은 AI를 통해 생산성과 효율성을 동시에 높이려 하고 있으며, 개인은 동일한 시간 안에 더 많은 성과를 창출하거나 전혀 새로운 방식으로 경력을 이어갈 기회를 맞이하는 동시에 불확실성에 직면하고 있다.

2025년 글로벌 빅테크 기업들의 대규모 인력 감축은 이러한 변화를 극적으로 보여준다. 마이크로소프트, 메타 등은 수천 명의 인력을 줄이는 동시에 AI 기술과 인프라 투자에 집중했다. 이는 단순한 구조조정이 아니라, AI를 중심에 둔 인력 구조 전환이었다(김지원, 2025). 그러나 AI 기술의 도입은 단지 인력을 줄이는 데 그치지 않는다. 고객 센터의 단순 상담 업무가 챗봇으로 대체되는 한편, 이를 설계·운영하는 AI 트레이너 같은 새로운 직무가 등장하기도 하고, 언론 분야에서도 속보 작성은 자동화되었지만 데이터 저널리즘이나 팩트체킹과 같은 고도화된 역할은 오히려 강화되기도 한다. 즉, "누구를 줄일 것인가"보다 "어떤 역량을 남길 것인가"가 핵심 기준이 된 것이다.

그렇다면, AI 시대 일자리는 어떻게 변화할 것인가? 그리고 우리는 이에 어떻게 대응해야 하는가? 이 질문에 대답하기 위한 주제를 다음과 같은 기준으로 선정하였다.

주제의 중요성

2025년 AI 시대의 일자리 변화는 단순히 몇 개의 일자리가 사라지고 새로 생기는 문제에 그치지 않는다. 이는 노동시장 구조, 기업의 지속 가능성, 개인의 경력 개발, 사회적 안정성까지 연결되는 거대한 의제다. 따라서 다음과 같은 측면에서 깊이 고려할 필요가 있다.

1. 노동시장 구조 재편: 반복적이고 규칙적인 업무를 넘어 인지적 영역까지 다양한 업무가 AI에 의해 빠르게 대체되고

있다. 그러나 동시에 데이터 해석, AI 관리, 윤리 감독과 같은 새로운 직무가 등장하고 있다. 이러한 양상은 일자리 변화가 단순한 '소멸'이 아니라 '재구성'이라는 점을 보여준다. 앞으로 노동시장이 어떤 방식으로 재편될지에 주목할 필요가 있다.

2. 개인의 경력 전환: AI 확산은 근로자의 경력 경로에 중대한 영향을 미칠 수 있다. 직업이 한 번의 선택으로 고정되는 시대는 저물고 있으며, 생애 전반에 걸쳐 여러 차례 재설계가 필요한 시대가 되고 있다. 따라서 개인은 변화하는 일자리 구조 속에서 어떻게 경력을 개발하거나 전환할지에 대해 깊이 고민할 필요가 있다.

3. 기업의 인재 전략 변화: AI로 인한 일자리 구조 변화는 기업의 인재 전략에도 근본적인 재검토를 요구한다. 기업은 직무 중심 관리에서 스킬 기반 운영으로 전환할지, 내부 인재 이동을 어떻게 확대할지, 원격 · 플랫폼 노동과 같은 새로운 고용 형태에 어떻게 대응할지에 대해 전략적으로 고민해야 한다.

4. 정책적 대응 필요성: AI의 도입으로 인한 노동시장의 변화는 교육, 노동, 복지 정책 등과 긴밀하게 연결된다. 정부와 사회는 이러한 변화가 가져올 파급 효과를 다각도로 검토하고 파급 효과에 대응하는 정책에 대해서 고민해야 한다.

주된 독자

이 책은 AI 시대, 일자리 변화의 본질을 이해하고 그 대응 방안을 고민하려고 하는 모든 사람들을 위해 집필했다. 특히 다음과 같은 독자층을 고려하였다.

1. 모든 직장인: 변화하는 노동시장 속에서 자신의 경력을 개발하거나 전환하려고 하는 모든 직장인.
2. 기업 경영진 및 관리자: AI 기술 확산에 따른 인력 운영, 조직 구조, 경쟁력 확보 방안을 모색하고 있는 기업 경영진과 관리자.
3. 정책 입안자 및 공공 부문 관계자: 노동시장 변화에 대응할 제도와 정책을 수립, 시행하는 정부 및 공공 기관 담당자.
4. 교육 및 직업 훈련 관계자: 변화하는 노동시장에 대응하기 위해 평생학습, 리스킬링 · 업스킬링 프로그램을 설계하고 운영하는 교육 기관 종사자.
5. 학계 연구자: AI와 노동, 기술 변화와 고용의 관계를 연구하는 경영학, 행정학, 사회학, 경제학, 법학 분야 등의 연구자.
6. 사회단체 및 시민 사회: AI로 인한 일자리 변화가 노동자 권리에 어떠한 영향을 주는지 고민하고 있는 단체 및 시민.

주된 효용

이 책을 읽는 독자는 AI 시대 일자리 변화를 이해하고 대응 방안을 모색하는 과정에서 다음과 같은 효용을 얻을 수 있다.

1. 일자리 트렌드 파악: AI가 노동시장 전반에 어떠한 영향을 미치는지 국내외 다양한 산업과 국가의 사례를 통해 비교·분석하여, 경쟁 우위를 확보할 방법을 고민할 수 있다.
2. 경력 전환과 학습 전략 이해: 개인이 변화하는 AI로 인한 일자리 변화 경향을 이해하고 그 속에서 자신의 경력을 어떻게 개발하거나 전환할지의 학습 전략을 직접 고민할 수 있다.
3. 기업의 대응 전략 모색: 기업은 변화하는 일자리 환경을 거시적으로 이해하고, 이에 맞는 인재 확보와 활용 전략의 방향성을 구체적으로 고민할 수 있다.
4. 법·윤리적 쟁점에 대한 이해: AI가 일자리에 영향을 미침으로서 생길 수 있는 법적·윤리적 이슈를 파악하고 이에 대응하기 위한 사회적·제도적 방안을 성찰할 수 있다.

이 책은 이러한 다양한 측면에서 독자들에게 실질적 도움을 제공하며, 이를 위해 구체적으로 10가지 핵심 질문을 선정해 논의를 전개하였다.

10가지 핵심 질문 선정 기준

이 책에서 다루는 10가지 핵심 질문은 아래와 같은 기준을 통해 선정되었다.

1. 주제의 시의성: 최신 AI 기술 동향과 노동시장 변화를 고려하여, 현 시점에서 가장 주목해야 할 일자리 관련 주제를 질문으로 선정하였다.
2. 사회적 파급 효과: AI는 단순히 일자리 구조를 변화시키는데 그치지 않고, 사회 구조와 계층 간 불평등에 영향을 미칠 수 있다. 따라서 질문은 사회적 파급 효과를 파악할 수 있어야 한다.
3. 이슈의 실용성: AI와 일자리라는 주제는 이론적 논의에 머물러서는 안 된다. 질문은 AI 도입 과정에서 개인 · 기업 · 정부가 실제로 직면하는 이슈를 중심으로 선정되었으며, 각 주체가 효과적으로 대응할 수 있는 전략을 제시할 수 있어야 한다.

위와 같은 기준을 통해 선정된 10가지 핵심 질문은 다음과 같다.

1. AI와 자동화 확산은 인간의 노동 방식과 역할을 어떻게 바꾸며, 이에 대응한 핵심 이슈는 무엇인가?

2. AI는 어떤 일자리를 대체하고 어떤 일자리를 창출하는가? 그 긍정 · 부정 효과와 향후 전망은 무엇인가?

3. 급변하는 노동시장에 맞춘 직업 교육 · 재교육은 왜 필요하며, 어떤 전략이 효과적인가?

4. 기업은 AI 도입 시 조직 구조와 업무 프로세스를 어떻게 재설계하고 어떤 대응 전략을 세워야 하는가?

5. 디지털 기술 확산 속 프리랜서 · 원격 근무의 특징과 영향은 무엇이며, 이는 어떠한 과제를 제시하는가?

6. AI 시대에 기업은 우수 인재를 어떻게 확보 · 유지하고, 내부 역량을 어떻게 강화해야 하는가?

7. AI 도입이 초래할 수 있는 일자리 불평등은 무엇이며, 사회적 파급 효과와 그 효과를 완화하기 위한 방안은 무엇인가?

8. AI 활용과 관련한 법적 · 윤리적 쟁점은 무엇이며, 어떤 규범과 관리 체계가 필요한가?

9. 정부는 AI 시대 노동시장에 어떻게 대응하고, 노동자 권익 보호와 사회적 합의를 어떻게 구축해야 하는가?

10. 인간과 AI의 협업 모델은 무엇이며, 그에 따른 일자리의 미래는 어떻게 설계되어야 하는가?

10가지 핵심 질문에 대한 답을 찾기 위한 노력

《AI와 일자리》는 이러한 핵심 질문들에 대한 답을 얻기 위해 체계적인 문헌 조사와 현장 논의를 병행하였다. 이를 통해 문헌과 실제 현장에서 감지되는 변화가 어떻게 맞닿아 있는지 검증하였다.

먼저 글로벌 동향을 파악하기 위해 세계경제포럼(WEF), 국제통화기금(IMF), 경제협력개발기구(OECD), 유럽연합(EU) 등 주요 국제기구 자료를 분석하였다. WEF의 글로벌 리포트는 산업별로 예상되는 직무변화와 필요한 역량을 제시하고 있으며, IMF와 OECD는 거시경제 차원에서 노동시장 재편이 가져올 충격과 기회를 전망하고 있다. EU AI Act는 기술 도입 과정에서의 규제와 윤리적 기준을 담고 있어, 향후 국내 AI 기본법 도입으로 인한 변화를 이해하는 데 중요한 준거 틀이 되었다.

다음으로는 국내 기관에서 발간된 연구보고서를 검토하였다. 한국은행(BOK), 한국직업능력연구원(KRIVET), 한국고용정보원(KEIS), 한국법제연구원(KLRI), 정보통신정책연구원(KISDI), 과학기술정보통신부 등에서 발간한 보고서는 AI 도입으로 인한 국내 노동시장의 변화와 제도적 대응 방향을 구체적으로 보여준다. 예컨대, 고용정보원의 직업 전망 자료는 어떤 직종이 성장하거나 축소될지 실증적으로 보여주며, 한국법제연구원과 과학기술정통부의 연구보고서는 AI 관련 법·제도 정비가 노동시장에 어떤 영향을 미칠지 점검하는 근거를 제공하였다. 이를 통해 국내 고용 구조 변화, 인력 수급 전망, 법·제도 동향과 정책 대안을 종합적으로 살필 수 있었다.

또한 민간기업의 리서치·컨설팅 자료도 적극적으로 활용하였다. LG경영연구원과 KB경영연구소 보고서는 국내 기업 현장의 대응 전략과 스킬 기반 인재 관리 전환 사례를 잘 보여주고 있어 이를 참고하였으며, Goldman Sachs Research는 글로벌 금융시장 관점에서 일자리 변화의 경제적 파급 효과를 수치화된 자료로 잘 보여주고 있어 저서 집필 근거 자료로 잘 활용할 수 있었다. McKinsey Global Institute와 Mercer의 보고서는 AI 도입이 인사·조직 관리에 미치는 영향을 심층적으로 다루며, 특히 리·업스킬링과 내부 인재 이동 전략에 대한 풍부한 사례를 제공하였다.

이와 함께 언론 기사 및 보도 자료도 중요한 참고 자료로 활용하였다. 다양한 언론 보도를 검증하면서 보고서에서 제시한 전망이 실제로 기업 구조조정, 신직무 탄생, 노동자의 체감 변화로 이어지고 있는지 최신 실제 사례를 기사를 통해 확인하였다.

또한 필자는 다양한 기업 교육을 수행하며 현장의 많은 관계자들과 의견을 나누었다. 특히 기업과 기관의 HR 담당자 및 관리자로 구성된 Smart HR Lab 스터디원들과의 교류는 문헌 조사의 결과를 현장 친화적으로 발전시키는 데 큰 도움이 되었다.

독자 여러분도 이 책을 통해 AI 시대 일자리 변화를 둘러싼 핵심 논의들을 함께 살펴보고, 각자의 자리에서 필요한 해법을 고민해 보기를 바란다. 미래는 이미 다가왔고, 그 미래를 어떻게 설계하느냐는 결국 우리 선택에 달려 있다.

참고문헌

김지원·오로라(2025.5.15). "MS 6000명, 메타 3600명… AI가 일으킨 해고 칼바람: 빅테크, 대규모 인력 감원 가속". 조선일보. https://www.chosun.com/economy/tech_it/2025/05/15/VMAPIYFGOVGMLMRMABUGWTOL4Y/

01
AI와 자동화: 인간 노동의 역할 변화

AI와 자동화가 인간의 노동 방식과 역할에 어떠한 영향을 미치는지 살펴보고, 이에 대응하기 위한 핵심 이슈를 진단한다.

기후 위기와 인공지능?

직무 중심에서 스킬 중심으로의 전환

AI 기술의 급속한 발전은 근로자의 역량에도 중대한 변화를 일으키고 있다. 특히 AI를 능동적으로 활용하는 사람들은 역량의 증강(capability augmentation)과 역량의 확장(capability expansion)을 동시에 경험하고 있다. 과거에는 고숙련 업무의 성과를 팀 협업을 통해서만 도출할 수 있었지만, 이제는 한 사람이 AI를 효과적으로 활용해 단독으로도 그에 버금가는 결과를 만들어 낼 수 있게 된 것이다. 이러한 변화는 실제로 개발자와 같은 일부 직무에서 주니어급 인력의 채용이 줄어드는 현상으로도 나타나고 있다.

기존 인사 관리는 직무 단위를 중심으로 설계되었으며, 각 직무에 필요한 역량을 정의하고 이를 기준으로 채용과 교육이 이루어졌다. 그러나 이제는 이러한 '직무 중심'의 개념이 점차 약화되고 있다. 앞으로는 직무가 아니라 '과업(task)' 단위로 인사 관리를 재편해야 그 관리가 효과적일 수 있다. 하나의 직무 안에서도 일부 과업은 AI가 효율적으로 수행할 수 있는 반면, 일부 과업은 여전히 인간의 고유한 역량이 필요한 영역이다. 앞으로는 직무 내 모든 업무를 사람이 직접 수행하기보다는, AI와 협업하며 과업을 적절히 분배하는 방식이 일반화될 것이다.

이는 기존 '직무 중심'이 아닌 '스킬 기반'으로 업무를 재편하고 인간과 AI의 역할을 재편해야 한다는 것을 의미한다.

반복·정형 업무에서 창의·전략 중심 업무로

과거에는 단순 반복 업무를 자동화하기 위해 상당한 예산과 전문 인력이 필요했기 때문에 자동화의 진입 장벽이 높았다. 그러나 생성형 AI의 등장은 이러한 장벽을 크게 낮추어, 이제 누구나 손쉽게 반복적이고 정형화된 업무를 자동화할 수 있는 환경을 마련했다. 이로 인해 업무 수행의 정밀성보다 창의적이고 비정형적인 과업에 집중할 수 있는 능력이 더욱 중요해지고 있다. 결국 근로자의 역할은 단순한 반복 작업의 수행자에서, AI와 협력하여 고부가가치 과업을 창출하는 창의적 문제 해결자로 전환되고 있는 것이다.

AI와 자동화는 인간의 업무 구조 자체를 바꾸어 놓고 있다. 정밀성과 속도가 핵심인 과업은 AI가 담당하고, 사람은 이를 관리하며 문제 정의, 전략 수립, 창의적 기획 등 고부가가치 업무에 집중하는 구조로 재편되고 있다. 예를 들어, 사무직에서는 AI가 서류 처리 · 데이터 입력을 대신하면서 직원들은 고객 대응, 문제 해결, 의사 결정 지원 등 가치 높은 업무에 집중할 수 있다. 금융권에서는 시스템이 예금·대출 심사 서류 검증을 처리하는 동안 직원들은 맞춤형 금융 상품 설계와 위험 관리 전략 수립에 전념한다. 생산직에서도 반복적·육체적 노동은 자동화로 대체되고, 로봇이 조립 공정을 수행하면 근로자는 생산 공정 개발, 감독, 유지 보수와 같은 전략적 역할로 이동한다. 실제로 독일 BMW 공장에서는 로봇이 힘든 작업을 대신하면서 작업자들이 공정 개선, 품질 관리, 효율 최적화와 같은 전략적 업무에 집중할 수 있게 되었다(BMW Group, 2017).

이러한 변화 속에서 근로자는 새로운 역할을 수행하거나 기존 역할을 고도화할 수 있도록 리스킬링(Reskilling), '업스킬링(Upskilling)'과 조직 문화 혁신이 필수적이다. 세계경제포럼(WEF)의 The Future of Jobs Report 2023에 따르면, 향후 5년 동안 전체 직업의 약 25%가 변화할 것으로 전망된다. 따라서 기업과 개인이 경쟁력을 유지하고 새로운 기회를 창출하기 위해서는 '리스킬링'과 '업스킬링'이 핵심 전략이 될 수밖에 없다(김창일, 2024). 또한 이러한 변화가 효과적으로 정착되기 위해서는 의사 결정 과정에서의 참여 보장과 명확한 커뮤니케이션을 통해 구성원의 동의를 이끌어내고 조직 문화를 혁신하는 것 또한 중요하다.

융합형 인재, 인간다운 인재가 주목받는 시대

AI 시대에는 데이터 및 기술 활용성이 커질수록 단순한 기술 숙련을 넘어 융합적 사고와 인간적 역량이 더욱 중요해지고 있다. 디지털 리터러시, 데이터 분석 능력, AI 활용 역량뿐만 아니라, 도메인 지식을 바탕으로 AI를 통합하는 능력, 다학제적 협업 역량, 다양한 이해관계자 간 조정 능력, 인문학적 소양, 새로운 변화에 대한 열린 자세 등이 핵심 역량으로 부상하고 있는 것이다(김동규, 2024).

예컨대 과거에는 HR 관련 시스템 구축이 전적으로 IT 부서의 몫이었지만, AI와 노코딩 툴의 발달로 인사 담당자도 도메인 지식을 기반으로 직접 시스템을 개발할 수 있는 시대가 되었다. 이러한 변화는 인사 담당자가 IT 부서와 소통할 때 더욱 열린 자세를 갖게 하고, 외부 기술 변화에 대한 이해를 증진시키는 효과를 낳고 있다. 동시에 일부 직종의 경우 고숙련자가 AI를 활용해 다양한 부수 업무까지 직접 처리할 수 있게 되면서, 해당 직종 주니어 채용 수요에 영향을 미치는 구조적 변화도 나타나고 있다.

또한 AI 시대에는 직무 중심에서 스킬 중심으로 노동이 재편된다. AI가 잘 수행할 수 있는 과업과 인간이 담당해야 할 과업을 구분하며, 업무 영역이 세분화 · 재조정되는 것이다. 이에 따라 구성원은 전에 다루지 않던 영역까지 학습 · 수행해야 하는 상황에 놓인다. 기업은 업스킬링과 리스킬링을 통해 직원의 적응을 지원하고, 대학은 학제 개편을 통해 학생이 융합적 지식을 갖춘 인재로 성장하도록 도와야 한다. 정부 또한 기업과 근로자가 변화에 대응할 수 있도록 정책적 지원을 확대해야 한다.

무엇보다 AI의 발전은 인간다운 인재의 가치를 더욱 부각시킨다. 반복적 업무는 물론 일부 인지적 업무까지 AI가 대체하면서, 리더십 · 팀워크 · 의사소통과 같은 소프트 스킬(soft skills)의 중요성이 한층 높아지고 있다(한지우 외, 2023). 특히 창의적 · 비판적 사고, 감성 지능, 공감적 커뮤니케이션, 회복 탄력성, 성장 마인드셋(growth mindset)은 AI 시대에 필수적인 역량으로 꼽히고 있다. 비판적 사고는 효과적인 프롬프트 설계와 윤리적 활용에 필수적이며, 감성 지능과 공감적 커뮤니케이션은 인간 협력에서 AI가 결코 대체할 수 없는 부분이다. 또한 회복 탄력성과 성장 마인드셋은 빠른 변화 속에서 적응하고 능동적으로 학습하기 위한 기반이 된다. 제도적으로는 조직이 구성원의 역량 강화를 위한 학습 프로그램을 제공할 수 있지만, 결국 근로자 스스로가 열린 자세로 끊임없이 학습하는 열의를 가지고 있을 때 이러한 프로그램이 진정한 효과를 발휘할 수 있기 때문이다(추가영, 2024).

참고문헌

김동규 외(2024). "인공지능에 의한 화이트칼라의 직무 대체 및 변화". 한국고용정보원.

김우겸(2025). "AI 기술과 스킬 중심 조직 전환, 한국 기업 경쟁력의 새 틀을 짠다". 산업일보. https://kidd.co.kr/news/241140

김우용(2025.4.8). "워크데이 '한국기업, AI로 스킬 기반 전략 가속'". Byline Network. https://byline.network/2025/04/8-308/

김창일(2024). "4차 산업혁명 대비를 위한 전략, 업스킬링과 리스킬링". GS칼텍스 미디어허브. https://gscaltexmediahub.com/future/upskilling/

추가영(2024). "AI 시대, 더 중요해진 '소프트 스킬'로 경쟁력을 갖추는 법". GS칼텍스 미디어허브. https://gscaltexmediahub.com/future/softskills/

한지우·오삼일(2023). "AI와 노동시장 변화". 《BOK 이슈노트》, 2023-30.

BMW Group.(2017). BMW Group harnesses potential of innovative automation and flexible assistance systems in production. BMW Group PressClub. https://www.press.bmwgroup.com/global/article/detail/T0

268199EN/bmw-group-harnesses-potential-of-innovative-automation-and-flexible-assistance-systems-in-production?language=en

02
AI가 대체할 일자리와 창출할 일자리

AI 도입이 촉발하는 일자리 구조 변화에 대해서 종합적으로 분석하며, 긍정적, 부정적 효과를 평가하고 향후 전망을 제시한다. AI가 대체할 일자리는 인지적 활동 중에서도 비창의적이고 비판단적인 업무가 우선이 될 가능성이 높다. 반면 AI 기술에 대한 전문성이 필요한 직군, 인간 고유의 역량을 요구하는 직군, 창의적이고 여러 기능을 통합한 형태의 직군은 새로 창출될 일자리 영역이다.

노래하는 AI 보컬?

AI 시대, 대체되는 일자리의 특징

2023년 골드만삭스 보고서에 따르면 전 세계의 3억 명분의 일자리가 자동화 가능성에 노출되어 있으며, 미국 경제 전체에서는 직무의 약 25%가 인공지능으로 대체될 것으로 예상된다. 특히, 골드만삭스 보고서는 기술 발전으로 인한 자동화로 인한 실업은 역사적으로 새로운 고용을 창출하여 상쇄해 왔지만, 이번에도 반드시 그럴 보장은 할 수 없다고 경고하였다(홍성민, 2024).

한국은행 2023년 보고서 'AI와 노동시장 변화'에 따르면 AI 특허 정보를 활용하여 AI 노출 지수를 산출한 결과, 우리나라 일자리 중 AI에 의해 대체될 가능성이 높은 일자리는 약 341만 개로 전체 일자리의 12%로 추정된다(한지우 외, 2023). 또한 2025년 한국은행 보고서에 따르면 국내 일자리 중 절반 이상(51%)이 AI 도입에 큰 영향을 받을 것이며, 국내 일자리 중 27%는 AI에 대체되거나 소득이 감소할 가능성이 큰 그룹에 속한다(오삼일 외, 2025).

AI에 대체되는 일자리의 특징을 살펴보면 인지적 활동 중에서도 비창의적이고 비판단적인 업무가 AI에 대체될 가능성이 높다. 골드만삭스 보고서에서도 행정직(46%), 법률직(44%) 등 인지적 업무 비중이 높은 직종이 자동화에 크게 노출되어 있다고 분석하였다(한요셉, 2023). AI는 경력 초반의 일자리 또한 대체할 가능성이 높다. 기존의 경력 초반 근로자의 경우 경험을 쌓으면서 커리어를 키우게 되는데 초반의 경우 상대적으로 정형적인 업무가 많기 때문에 경력 초반의 일자리를 대체할 가능성이 높다(한요셉, 2023). 고숙련자가 다양한 AI 애플리케이션이나 생성형 AI 플랫폼을 사용하여 저숙련자나 외주 업체에 맡겼던 업무를 직접 수행하는 경우가 증가하면서, 청년 및 신규 구직자 등의 경력 초반 근로자가 숙련도와 경력을 발전시킬 직무 경험을 갖지 못하는 문제가 사회 문제로 등장할 가능성이 커지고 있다(김동규, 2024).

조직 내에서 중간 관리자 자리도 대체될 가능성이 높다. 중간 관리자는 보고서 작성, 성과 관리, 일정 조율 등 반복적이고 행정적인 역할을 담당해 왔는데, 이러한 업무는 AI 기반 협업 툴과 분석 시스템으로 상당 부분 대체되고 있다. 실제로 Microsoft는 2025년에만 세 차례 감원을 실시하였는데 중간 관리자도 감원의 주요 타깃이 되었다. 인텔에서도 2024년 상반기 총 2만 2000명을 감원했는데 이 중 대부분이 '팀 리더', '부서장'으로 불리던 중간 관리직이었다. 이는 AI가 단순한 업무 대체를 넘어 조직 구조와 계층 자체를 재편하고 있음을 보여준다(서유림, 2025).

AI 시대, 새롭게 창출되는 일자리 특징

AI 시대, 인공지능 기술은 기존 일자리를 대체하는 동시에 새로운 일자리를 만들어 내고 있다. 이러한 새로운 직업은 크게 세 가지로 구분할 수 있다. AI 기술에 대한 전문성이 필요한 직군, 인간 고유의 역량을 요구하는 직군, 창의적이고 여러 기능을 통합한 새로운 형태의 직군 등이다.

첫째, 데이터 과학자, 머신러닝 엔지니어, 로봇 공학자와 같은 AI 기술 전문 직군은 빠른 성장세가 예상된다(정순기 외, 2024). 모바일 · 웹 개발자, 사이버 보안 전문가 등 디지털 기반 기술 직종 역시 유망하다. 동시에 AI 활용 과정에서 발생하는 윤리적 · 법적 문제를 다루는 AI 윤리 전문가나 법률 전문가도 새롭게 부상하고 있다. 다만 일부 보고서에서는 AI 기반 코딩 기술의 발전으로 인해 AI가 AI 기술 개발자 직군을 대체하는 현상을 동시에 언급하고 있어 해당 직군은 기회와 위기가 공존하는 양상을 보이고 있다.

둘째, 인간 고유의 역량이 중심이 되는 직군은 미래에

도 안정적이거나 확대될 가능성이 크다. 사회적 · 윤리적 판단, 전략적 기획, 복잡한 문제 해결, 결과 검토와 같은 고차원적 사고뿐 아니라 리더십, 공감, 커뮤니케이션과 같은 소프트 스킬(soft skills)은 인공지능이 쉽게 대체할 수 없는 영역이다. 특히 책임 있는 의사 결정, 설득과 소통 능력, 전문적 지식과 숙련된 기술이 요구되는 분야는 여전히 인간의 역할이 필수적이다(김동규, 2024).

셋째, 창의성과 융합적 기능을 기반으로 한 새로운 직군이 빠르게 증가하고 있다. AI가 단순 · 반복적 업무를 자동화하면서 근로자는 남는 시간과 에너지를 보다 창의적이고 고차원적인 업무에 투입할 수 있게 되었다. 이로 인해 창의성과 전문성이 동시에 요구되는 직무가 확대될 뿐 아니라, 그동안 분리되어 있던 업무가 통합되며 새로운 형태의 직무가 탄생하고 있다. 예컨대 과거에는 데이터 분석과 소프트웨어 개발이 별개였으나, AI 엔지니어는 모델 설계와 개발을 통해 두 영역을 동시에 수행한다. 또한 데이터 분석도 추출, 정제, 분석 과정이 AI 도입으로 하나의 통합 업무로 전환되고 있다. 이는 AI가 새로운 융합 직무를 창출하는 원동력이 되고 있음을 보여준다(김동규, 2024).

산업 구조 변화와 고용 전망

AI는 기존 사회·경제 체계 전반에 근본적인 변화를 가져오고 있으며, 다양한 산업과 직무에 광범위한 영향을 미치면서 산업 구조 자체를 재편하고 있다. 구체적으로 대표적인 산업별 변화를 한 번 살펴보고자 한다.

제조업에서는 AI 도입이 공정 최적화와 직무 대체라는 두 축을 통해 생산성을 높이고 있다. AI는 기업 내 방대한 데이터를 분석하여 공정을 효율화하고, 품질 검사, 불량 확인, 설비 예방 정비 등에 활용되어 업무 효율성을 향상시키고 있다. 그러나 중소기업은 도입 비용과 전문 인력 확보의 제약으로 인해 대기업과의 격차가 심화될 수 있다는 우려가 제기되고도 있다(김수현 외, 2024).

정보 통신업은 AI 기술을 가장 적극적으로 활용하며, AI 디지털 전환의 선두 산업으로 자리매김하고 있다. AI 도입으로 고숙련 직무의 수요는 증가하겠지만, 단순·반복 업무 종사자의 일자리는 감소할 가능성이 높다. 이에 따라 기업들은 신규 고숙련 인재 채용을 시도하고 있지만, 적합한 인재 확보에 어려움을 겪고 있다. 따라서 고숙련 직무 인력 채용도 중요하지만, 기존 인력을 대상으로 한 재교육과 AI 활용 역량 강화가 병행되어야 한다(김수현 외, 2024).

금융업에서도 대출 심사, 이상 거래 탐지, 투자 추천, 리스크 관리 등 다양한 분야에서 AI가 도입되고 있다. 대기업은 생성형 AI 기반의 고도화된 서비스를 개발하고, 중견 기업은 ROI가 높은 분야에 집중하며, 중소기업은 상용화된 솔루션에 의존하는 경향이 나타날 것으로 보인다. 금융업도 제조업, 정보 통신업과 동일하게 단순 사무 보조나 고객 상담원 같은 직종은 감소하는 반면, AI 시스템 관리, 알고리즘 개발 등 고급 기술 직무의 수요는 지속적으로 증가할 것으로 보인다(김수현 외, 2024).

이처럼 산업별로 AI는 생산성과 효율성을 높이는 동시에 단순 직무를 감소시키고, 고숙련 인재 수요를 증대시키고 있다. 이에 따라 정부와 기업은 업스킬링과 리스킬링을 제도적으로 지원하여 구성원들이 변화에 적응할 수 있도록 해야 한다.

참고문헌

고상원(2023). "AI시대의 생산성과 고용". 《경제인문사회연구회 글로벌 이슈 브리프》, 11.

김수현 외(2024). "디지털 전환과 노동시장 – 인공지능 기술이 미치는 영향을 중심으로". 한국고용정보원.

서유림(2025.5.15). "AI가 사람을 '조직 밖'으로 밀어낸다… 사라지는 중간관리자, 무너지는 경력사다리". 한국투데이.

https://www.hantoday.net/news/articleView.html?idxno=
48828
오삼일(2025). “AI와 한국경제”. 《BOK 이슈노트》, 2025-2.
이상민(2024.2). “인공지능과 미래의 일자리”. 《노동법률》, 393.
장재기·김동근(2025). 《인공지능의 고용 효과 분석 - 직종별 차별적 영향을 중심으로》.
정순기 외(2024). 《중장기 인력수급 전망 2022-2032》. 고용노동부.
한요셉(2023). 인공지능으로 인한 노동시장의 변화와 정책방향. 세종: 한국개발연구원(KDI). (연구보고서 2023-03).
한지우·오삼일(2023). “AI와 노동시장 변화”. 《BOK 이슈노트》, 2023-30.
홍성민(2024). “AI에 의한 노동시장 변화 대응 입법연구”. 한국법제연구원.

03
AI와 직업 교육

급격한 노동시장 변화와 인구 구조 변화로 인한 노동력 부족, 인간과 AI의 긍정적 협업 관계 구축 등으로 직업 교육이 주목받고 있다. 이 장에서는 변화하는 노동시장에 대응하기 위한 직업 교육 및 재교육 필요성 논의 및 전략에 대해서 논의한다.

인공지능과 편향?

직업 교육은 왜 주목 받는가

AI 시대, 직업 교육이 주목받는 이유는 ① 급격한 노동시장 변화, ② 인구 구조 변화로 인한 노동력 부족, 그리고 ③ 인간과 AI의 긍정적 협업 관계 구축이라는 세 가지 요인 때문이다. 이 세 가지 요인을 자세히 살펴보면 다음과 같다.

첫째, AI의 급격한 발전은 노동시장의 구조를 빠르게 바꾸며 기존 역량의 수명을 짧게 만들고 있다. AI는 단순한 육체노동이나 반복적인 사무 작업을 넘어 고도의 인지 능력이 필요한 영역까지 대체하거나 보완할 수 있다. 이에 따라 일부 직무는 사라지기도 하고, 동시에 새로운 직업이 등장하기도 한다. 게다가 의료 기술 발달로 기대수명이 늘어나면서 개인은 생애 전반에 걸쳐 여러 차례 직업을 전환할 가능성이 커졌다. 이런 변화 속에서 노동자가 환경에 뒤처지지 않으려면 직업 교육은 선택이 아니라 필수 과제가 되고 있다.

둘째, 인구 구조 변화로 인한 노동력 부족 문제도 직업 교육의 중요성을 더욱 높이고 있다. 우리나라의 합계 출산율은 2023년 기준 0.72명에 불과하며 2024년에는 65세 인구가 20%를 넘어서면서 초고령사회로 진입했다 (안병준 외, 2024). 생산 가능 인구는 빠른 속도로 줄어들고 있으며, 한 연구에 따르면 2032년까지 연 2%대 경제 성장을 유지하려면 약 89만 4000명의 추가 인력이 필요한 것으로 분석되기도 하였다. 이러한 인력 격차를 해소하려면 AI 도입과 함께 기존 인력을 대상으로 한 재교육·전환 교육, 즉 직업 교육이 적극적으로 이루어져야 한다(김상호 외, 2024).

셋째, 인간과 AI가 긍정적인 협업 관계(Positive HI-AI Relationship)를 형성하도록 돕는 것도 직업 교육의 핵심 역할이다. AI가 데이터를 기반으로 한 분석·예측에서 강점을 보인다면, 인간은 공감, 설득, 창의성과 같은 사회적·인지적 역량에서 차별성을 갖는다. 따라서 미래의 직업 교육은 단순히 기술적 역량을 가르치는 데 그치지 않고, 인간다운 강점을 강화하면서 AI와 효과적으로 협력할 수 있는 역량을 기르는 방향으로 나아가야 한다.

AI 시대가 요구하는 역량

AI 시대에 요구되는 역량은 새로운 기술을 익히는 것에 그치지 않는다. 인간의 강점을 극대화하고, AI와 협업을 통해 새로운 가치를 창출하기 위해서는 디지털 스킬, 소프트 스킬, 메타 스킬 세 가지 스킬을 균형 있게 발전시

켜야 한다(반가운 외, 2021).

첫째, 디지털 스킬(Technical Skill)은 데이터 분석, AI 도구 활용, 프로그래밍, 디지털 리터러시와 같은 기술 역량을 포함한다. 특히 AI를 단순히 활용하는 수준을 넘어, AI의 작동 원리를 이해하고 상황에 맞게 활용할 수 있는 능력이 중요하며, 더 나아가 기존 직무와의 결합을 통해 활용할 수 있어야 한다. 예를 들어 의료 분야에서 의사가 AI 진단 시스템을 활용하여 진단의 정확성을 높이고 의사 본인은 환자와 의사소통에 집중하는 등의 방식이 있을 수 있다. 이처럼 AI와 결합을 통해 기존 전문성이 새로운 경쟁력으로 강화될 수 있다.

둘째, 소프트 스킬(Soft Skill)이다. 공감, 설득, 의사소통, 팀워크, 리더십 등 인간 고유의 역량은 창의적 문제 해결과 사회적 협력을 가능하게 하는 핵심 요소다. AI가 제시하는 정보를 바탕으로 최종 결정을 하는 건 여전히 인간의 몫이다. 이 과정에서 소프트 스킬은 중요한 역할을 한다. AI가 제시해 준 내용을 토대로 조직 내 전략을 세우더라도 전략에 대한 내용을 구성원과 의사소통하고 참여를 이끌어 내는 것은 결국 리더의 역할이다. 따라서 리더십과 의사소통과 같은 소프트 스킬은 AI 시대에도 여전히 핵심 역량으로 남는다.

셋째, 메타 스킬(Meta Skill)이다. 메타 스킬은 앞 두 스킬을 효과적으로 습득하고 활용하게 하는 상위 역량이다. 자기 주도 학습, 문제 인식 및 해결 전략 수립, 비판적 사고 등이 여기에 포함된다. 특히 AI가 제시하는 정보를 무조건 받아들이는 것이 아니라 맥락에 맞게 고려하여 최적의 결정을 내릴 수 있는 능력이 중요한데, 메타 스킬이 이 경우 활용될 수 있는 역량이다. 이는 개인 차원뿐만 아니라 사회 차원에서도 중요하다. 따라서 개인적 차원을 넘어 사회 전체가 함께 학습하고 성장하는 집단적 메타 인지가 형성되어야 한다.

이러한 디지털 스킬, 소프트 스킬, 메타 스킬에 대한 교육이 국가, 학교, 그리고 일터에서 함께 이루어져야 AI 시대에 더 성장할 수 있는 기회가 만들어질 수 있다(반가운 외, 2021).

AI 시대, 직업 교육의 방향

AI 시대의 직업 교육은 단순한 기술 교육을 넘어 총체적 역량 개발과 유연한 교육 체계로 발전해야 한다. 구체적으로 세 가지 방향이 제시된다.

첫째, 직업 교육의 초점을 바꿀 필요가 있다. 지금까지는 당장 필요한 기술이나 자격증을 따는 것처럼 '단기적인 실무 능력'에만 집중했다. 하지만 앞으로는 조금 더 넓고 깊은 역량이 중요하다. 예를 들어 문제를 스스로 찾아내고 해결책을 고민하는 힘, 다른 사람과 원활히 소통하고 협업하는 힘, 새로운 기술을 빠르게 배우고 내 일에 적용하는 힘 같은 것이다. 이런 능력이 있어야 기술이 바뀌어도 흔들리지 않고, 오히려 새로운 기회를 잡을 수 있다.

둘째, 다양한 학습 방식과 평생학습 체계 구축이 요구된다. 전통적인 강의 중심 교육만으로는 한계가 있으며, 프로젝트 기반 학습, 플립 러닝, AI 기반 학습 환경 구축 등이 필요하다. 또한 VR, AR, 메타버스 등 에듀테크 기술을 활용한 몰입형 학습 환경도 확대되어야 한다. AI 기술이 빠르게 발전하는 만큼, 지속적인 리스킬링과 업스킬링을 통한 평생교육도 필수적이라 할 수 있다(반가운 외, 2021).

셋째, AI 격차 해소와 포괄적 교육 기회 보장이 필요하다. 디지털 접근성과 AI 활용 능력의 격차는 사회적 불평등을 심화시킬 수 있다. 특히 취약 계층은 교육 기회에서 소외되기 쉽다. 국가 차원에서 AI 디바이드(AI Divide)를 줄이고 디지털 리터러시를 강화하며, 다양한 집단을 대상으로 맞춤형 직업 교육을 제공해야 한다(김상호 외,

2024).

AI 시대의 직업 교육은 단순한 기술 습득을 넘어, 인간이 AI와 협업하여 더 큰 가치를 만들어 내도록 돕는 과정이다. 변화하는 환경 속에서 성과를 창출하기 위해서는 디지털 스킬, 소프트 스킬, 메타 스킬을 균형 있게 활용하는 것이 필수적이며, 이를 뒷받침하는 교육이 반드시 필요하다. 또한 이러한 교육은 누구도 소외되지 않도록 포괄적으로 기회를 제공해야 한다. 그렇게 할 때 직업 교육은 개인과 사회의 지속 가능한 발전을 이끄는 원동력이 될 수 있다.

참고문헌

김상호 외(2024). "인공지능 시대의 직무변화 및 인적자원개발 전략". 한국직업능력연구원.

반가운 외(2021). "AI 시대, 미래의 노동자는 어떠한 역량이 필요할까?". 한국직업능력연구원.

안병준·강인선(2024.12.24). "'2024년 12월 23일부로 대한민국은 초고령사회' … 25년 뒤엔 더 큰게 온다는데". 매일경제. https://www.mk.co.kr/news/society/11202559

한국산업기술진흥원(2025). "인공지능(AI) 시대 인력 개발의 미래". 《산업기술정책 브리프》.

04
기업의 AI 도입과 조직 변화

기업의 AI 도입이 조직 구조 및 업무 프로세스에 어떠한 영향을 미치는지 분석하여, 기업의 대응 전략을 도출한다. AI 도입이 진정한 성과로 이어지기 위해서는 기술 적용을 넘어 전사적 차원의 체계적인 변화 관리 전략이 필수적이기 때문이다.

청각장애인과 AI?

AI 도입 현황과 조직 변화의 필요성

AI 기술은 기업의 디지털 전환과 생산성 증대를 주도하는 핵심 기술로 부각되며 경쟁력 강화의 수단으로 주목받고 있다. 그러나 현실은 기대에 미치지 못하는데, 대기업의 AI 도입률은 9.2%, 중소기업은 2.9%에 불과한 상황이다(권준화, 2024).

더욱 우려스러운 점은 조직적 준비 없이 기술만 도입한 기업에서 생산성 역설(Productivity Paradox)이 발생할 수 있다는 것이다. 이는 AI를 단순한 기술 도구로만 인식하여 기존 업무 방식에 억지로 끼워 맞출 때 나타나는 현상이다. AI 활용을 위한 전략적 계획이 부재하고 조직 차원의 운용 기반이 마련되지 않았을 때 이러한 문제가 발생한다. 또한 전통적인 성과 지표 체계가 시간 단축이나 비용 절감 같은 정량적 효율성에만 초점을 맞추고 있어, AI가 창출하는 서비스 품질 향상이나 고객 만족도 증대와 같은 질적 가치를 제대로 포착하지 못한다는 점도 생산성 역설의 원인이 된다(유현주, 2025).

한편 구성원들은 업무 자동화에 따른 구조조정 가능성과 직무 대체에 대한 불안감을 느끼며, 이는 AI 도입에 대한 저항으로 이어질 수 있다(김가영 외, 2025). 이러한 저항의 배경에는 AI 시스템의 블랙박스 특성, 낮은 AI 리터러시, 기술에 대한 불신과 과도한 기대, 모호한 비전 및 목표 설정, 전략적 조직 재설계 실패 등 복합적인 요인이 자리하고 있다.

따라서 AI 도입이 진정한 성과로 이어지기 위해서는 기술 적용을 넘어 전사적 차원의 체계적인 변화 관리 전략이 필수적이다. AI에 대한 불안감을 해소하고 AI 기반 혁신이 조직에 뿌리내릴 수 있도록 명확한 비전과 목표를 설정하는 한편, 구성원과의 적극적인 소통을 통해 혁신을 이끌어 내야 한다.

성공적인 AI 도입을 위한 변화 관리 전략

성공적인 AI 도입을 위해서는 무엇보다 CEO와 경영진의 확고한 의지와 이해가 필수적이다. 따라서 최고 경영층을 대상으로 한 AI 교육 기회를 확대하고, 도입 전부터 구성원과 충분히 소통하여 AI 필요성에 대한 공감대를 형성해야 한다. 투명한 커뮤니케이션을 통해 불안감을 해소하는 것도 중요한 출발점이다.

AI 도입은 특정 부서에 국한된 과제가 아니라 전사 차원의 전략적 관리가 필요하다(유현주, 2025). 조직은 부서별 도입 목적과 장·단기 목표를 명확히 수립하고, 이를 전체 조직 성과와 연계하는 체계를 마련해야 한다

(KB경영연구소, 2025). 또한 막연한 기대나 불신을 줄이기 위해 타 조직의 사례를 공유하고, 성공 사례를 확산시켜 구성원들의 이해와 참여를 높여야 한다.

이후에는 데이터 인프라 구축이 핵심이다. 데이터 수집과 정제에는 많은 시간과 노력이 필요하므로, 데이터 거버넌스 체계를 정립해 일관성 · 투명성 · 활용성을 확보해야 한다. 아울러 AI 환각(hallucination)이나 데이터 편향 문제를 최소화하기 위해 '책임 있는 AI 사용 원칙'을 수립하고, 윤리적 AI 구현을 위한 지속적 노력이 필요하다.

AI 도입 후에도 구성원의 신뢰를 증진시키고 변화에 대한 저항을 줄이기 위해 체계적인 변화 관리 프로그램을 제공해야 한다. AI 리터러시 교육으로 AI의 실제 성능과 한계를 이해시키고, 데이터 리터러시 교육을 통해 데이터 활용 역량을 높여야 한다. 동시에 AI와 인간의 역할을 명확히 구분하고, 직무 보완적 활용 방안을 제시함으로써 불필요한 대체 불안을 완화해야 한다.

결국 성공적인 AI 도입은 기술 자체의 우수성보다 이를 둘러싼 조직의 준비 상태에 달려 있다. 경영진의 리더십, 명확한 전략적 목표, 탄탄한 데이터 인프라, 그리고 구성원의 역량 강화가 유기적으로 연결될 때 비로소 AI

는 조직의 실질적 경쟁력으로 전환될 수 있다. 특히 변화 관리는 일회성 프로그램이 아닌 지속적인 과정으로 접근해야 한다. 초기 도입 단계에서 발생하는 시행착오를 학습 기회로 삼고, 구성원의 피드백을 반영하여 AI 시스템과 운영 방식을 지속적으로 개선해 나가야 한다.

AI와 함께 진화하는 조직과 업무 방식

AI 도입은 조직 구조와 업무 프로세스 전반에 근본적인 변화를 일으킨다. 먼저 조직 내에 AI 기술이 도입되면 업무 자동화와 직무 재설계를 통해 단순 반복적인 업무를 획기적으로 효율화할 수 있다. 이러한 변화는 단순히 업무 속도를 높이는 데 그치지 않고, 조직 운영의 패러다임 자체를 전환하는 계기가 된다. AI가 루틴한 업무를 처리함으로써 확보된 시간과 인적 자원을 활용하여, 직원들은 창의성과 전문성이 요구되는 고부가가치 업무로 재배치될 수 있다.

이러한 변화를 성공적으로 실현한 대표적 사례가 싱가포르 개발은행(DBS)이다. DBS는 2017년부터 약 10억 건에 달하는 방대한 고객 상담 데이터를 학습시킨 AI 챗봇을 도입하여 고객 상담 업무의 자동화를 본격적으로 추진하였다. 이를 통해 이전에 고객 상담 업무를 담당하던 500여 명의 직원들은 체계적인 리스킬링과 업스킬링 프로그램을 거쳐 새로운 직무로 성공적으로 재배치되었다. DBS는 이러한 전략적 인력 재배치를 통해 직원들을 금융 컨설팅, 데이터 분석, 고객 관계 관리 등 상대적으로 높은 부가가치를 창출하는 업무 영역에 투입함으로써, 조직 전체의 생산성 향상과 경쟁력 강화에 긍정적인 영향을 미칠 수 있었다(유현주, 2025).

이와 같이 AI의 성공적 도입은 단기적인 업무 효율성 개선을 넘어, 인력 구성과 조직 문화 전반에 변화를 일으킨다. 특히 조직 내에서 AI 기술을 업무에 효과적으로 접목할 수 있는 융합 역량을 갖춘 인재에 대한 수요가 급격히 증가할 것으로 전망된다. 이는 기술 전문가뿐만 아니라, AI를 실무에 적용하여 문제를 해결할 수 있는 현장 인력의 중요성이 커지고 있음을 의미한다. 따라서 조직은 이러한 융합형 인재를 효과적으로 육성할 수 있는 새로운 리더십 역량과 체계적인 교육 훈련 시스템을 정립해야 한다.

더 나아가 비전문가인 일반 구성원들도 AI 도구를 두려움 없이 활용할 수 있도록 자발적인 학습 문화를 조직 전반에 확산시키는 것이 필수적이다. 이를 위해서는 실패를 용인하고 실험을 장려하는 심리적 안전성이 보장되어야 하며, 구성원들이 새로운 기술을 익히는 과정에서 충분한 지원을 받아야 한다. 이와 같은 맥락에서 조직 내 'AI 민주화(AI Democratization)' 개념이 강조되고 있다. 이는 AI를 소수의 전문가만이 아니라 모든 구성원이 활용하여, 각자의 업무 영역에서 스스로 문제를 발견하고 해결할 수 있는 환경을 조성하는 것을 의미한다.

이러한 조직 차원의 노력이 체계적으로 뒷받침될 때, AI는 엑셀이나 이메일, 협업 도구처럼 조직 구성원 누구나 일상적으로 활용하는 필수 업무 도구로 정착할 수 있다. 이는 단순한 기술 도입 차원을 넘어, 조직의 업무 방식과 문화를 근본적으로 혁신하는 전환점이 될 것이다.

참고문헌

권준화(2024). "중소기업의 AI도입 및 활용에 관한 사례분석과 시사점". 중소벤처기업연구원.

김가영·이상윤(2025). "AI 시스템 도입 및 활용 과정의 조직적 저항: 문헌 및 사례연구". 《정보시스템연구》, 34(1), 85~124쪽.

유현주(2025). "사무자동화의 역설, AI 도입이 조직생산성으로 연결되려면". 《POSRI Issue Brief》.

조영현(2025). "보험회사의 인공지능(AI) 도입 전략: 알리안츠(Allianz) 사례분석". 《KIRI 리포트 포커스》, 618.

KB경영연구소(2025). "AI 오케스트레이션을 통한 조직 내 AI 접근성 확대 전략". 《KB 지식 비타민》.

05
프리랜서와 원격 근무의 확산

AI를 비롯한 디지털 기술의 발전을 통해 확산되고 있는 프리랜서의 고용 형태와 원격 근무 방식에 대한 특징에 대해서 살펴보고 그 영향에 대해서 논의한다.

AI 콘텐츠 크리에이터?

고용 구조 전환과 긱(Gig) 이코노미의 성장

과거에는 '평생직장'이라는 개념이 절대적인 가치였으나, 디지털 기술의 발전은 노동시장을 급격히 변화시키고 있다. 특히, 새로운 세대인 MZ 세대의 가치관 변화는 이러한 변화를 가속화하고 있다. MZ 세대는 더 이상 한 직장에 얽매이기를 거부하며, 오히려 '디지털 노마드(Digital Nomard, 디지털 장비와 인터넷만으로 장소에 구애받지 않고 일하는 사람) 또는 긱 워커(Gig Worker, 단기 계약, 프리랜서, 프로젝트 기반으로 일하는 근로자)와 같은 새로운 형태의 자유로운 직업관을 선호하는 이들이 늘고 있다(정순기 외, 2024).

국내외 통계도 이러한 현상을 뒷받침한다. 보스턴컨설팅그룹(BCG)에 따르면 2022년 기준 국내 전체 취업자 2600만 명 중 약 1000만 명(39%)이 긱 워커이며, 그중 88%는 계속해서 긱 경제에 종사하겠다고 응답했다. 시장조사기관 스태티스타(Statista)에 따르면 미국에서 약 6800만 명이 긱 워커로 활동 중이며, 2028년까지 전체 근로자의 절반 이상이 긱 경제에 참여할 것으로 전망했다. 맥킨지(McKinsey)는 2025년까지 긱 경제가 전 세계 GDP의 2%에 해당하는 2조 7000억 달러의 부가가치를 창출할 것으로 내다봤다(디지털 투데이, 2024).

한편, 일본에서 빠르게 성장한 '스폿 워크(Spot Work)'는 초단기 · 즉시 채용 형태의 근로 방식으로, 디지털 플랫폼 확산, 유휴 인력 재참여, 인건비 효율화, 근로자 유연 근무 선호, 직무 평가 고도화, 정부 지원 등에 힘입어 발전해 왔다. AI 매칭 알고리즘과 모바일 기술로 실시간 인력 배치와 이력 관리가 가능해지며 확산 속도는 더욱 빨라졌다. 미국에서는 2024년 기준 우버, 도어대시(DoorDash) 등 수요 기반 인력 매칭 플랫폼이 330개에 이르고, 시프트긱(Shiftgig) 등 초단기 일자리 플랫폼도 성장 중이다. 한국 역시 팝업스토어 도우미, 행사 아르바이트 등 초단기 근무 수요가 늘며 그 시장이 확대되고 있는 중이다(KB경영연구소, 2025).

흥미로운 점은 이러한 형태가 단순히 부업이나 임시직의 영역을 넘어, 전문직과 기술직에도 확산되고 있다는 것이다. 예를 들어, 기업들은 특정 프로젝트의 데이터 분석, 마케팅 캠페인, UX/UI 디자인을 위해 단기 계약 전문가를 고용하는 것을 선호하며, 이를 통해 비용 절감과 업무 효율성을 동시에 추구한다. 결과적으로 디지털 노마드와 스폿 워크는 단순히 '유연한 근무 형태'가 아니라, 노동시장의 구조적 변화를 주도하는 핵심 축으로 자리 잡고 있다.

AI와 디지털 기술 발전, Covid-19 팬데믹이 촉발한 원격 근무 확산

AI와 디지털 기술의 발전, Covid-19 팬데믹은 전 세계적으로 일하는 방식을 변화시키며 원격 근무 확산의 결정적 전환점을 만들었다. Covid-19 팬데믹으로 인해 각 국가의 정부는 감염병 확산을 막기 위한 사회적 거리두기 조치를 시행하였고 이와 같은 상황 속에서 기업과 기관은 물리적 사무 공간을 대체할 수 있는 대안을 빠르게 도입할 수 있도록 노력하였다. 그 결과 재택근무, 화상 회의, 클라우드 기반의 협업이 단기간에 표준 업무 방식으로 자리 잡게 되었으며, 여기에 AI와 디지털 기술의 비약적인 발전을 통해 원격 근무 정착이 더욱 가속화되었다. 더 나아가 Covid-19를 겪은 이후 새로운 세대의 가치관은 경직된 근무 환경보다 자율성과 유연성을 중시하게 되었고, 이러한 변화는 원격 근무를 긍정적으로 수용하는 조직 문화로 이어졌다.

또한 원격 협업 도구의 발전은 물리적 거리를 사실상 무의미하게 만들었다. 회의록 자동 작성, 다국어 실시간 번역, 업무 자동화 툴 등의 AI 프로그램을 통해 원격 근무의 생산성을 높이고 비대면 커뮤니케이션의 한계를 극복할 수 있게 되었다. 특히 생산성 증대 차원에서도 원격 근무가 주목받게 되었다. 스탠퍼드대 니콜라스 블룸 교수가 중국 여행사 씨트립(Ctrip)을 대상으로 진행한 연구에 따르면, 재택근무 그룹이 아닌 그룹 대비 평균 13%의 생산성 향상을 보였다(Bloom et al, 2015). 이후 니콜라스 블룸 교수가 Trip.com을 대상으로 진행한 후속 연구에서도 주 2일 하이브리드 근무자의 생산성과 승진 가능성이 사무실 근무자와 동일하며, 이직률은 33% 감소하는 효과도 확인하였다(Bloom, 2024). 블룸 교수의 연구 외에도 미국 노동통계청의 산업 분석 보고서에서는 산업별 원격 근무 비율이 1% 포인트 증가할 때마다 총요소생산성(TFP)이 약 0.08~0.09% 포인트 상승한다고 언급하기도 하였다(Bureau of Labor Statistics, 2024).

해외에서는 원격 근무 확산 흐름이 뚜렷하게 나타난다. Robert Half의 분석에 따르면, 미국에서 완전 원격 근무 형태의 구인 공고 비중은 2023년 1분기 10%에서 2025년 1분기 13%로 증가했으며, 같은 기간 하이브리드 근무 형태는 9%에서 24%로 크게 확대되었다(Robert Half, 2025). 또한 갤럽 조사에 따르면 원격 근무가 가능한 직무에 종사하는 미국 근로자의 60%가 하이브리드 근무를, 약 33%가 완전 원격 근무를 선호하는 것으로 나타났으며, 사무실 전일 출근을 희망하는 비율은 10% 미만에 불과했다(Gallup, 2024). 이는 미국 노동시장에서 원격·하이브리드 근무 형태에 대한 공급 확대와 근로자들의 수요 강세가 동시에 나타나고 있음을 보여준다. 영국의 경우 2023년 입소스에서 실사한 조사에 따르면 주 1~4일을 사무실에 출근하는 형태로 유연 근무를 실시하는 근로자가 45%, 사무실에 1회 이하 출근하거나 전면 재택근무를 하는 근로자는 13%였다. 사무실 출근으로 근로하는 근로자의 비율은 42%였는데 사무실 출근을 선호하는 근로자는 22%에 불과해 실제 출근과 선호도 간의 차이가 있었다. 영국 외 유럽 내 다른 국가도 재택근무의 비율은 지속적으로 상승하는 추세다(Digital Insight, 2024).

반면 한국은 Covid-19 팬데믹에 따라 급격히 확대된 재택근무 비중이 최근 들어 감소하고 있는 추세다. 2021년 약 114만 명으로 정점을 찍었던 재택근무자는 2024년 68만 3000명으로 줄었으며(매일경제, 2024), 주 평균 재택근무일수도 0.5일로 전 세계 최하위 수준이다(매일경제, 2024). 50대 기업의 재택근무 도입률 역시 2022년 72.7%에서 2023년 58.1%로 하락하였다(Digital Insight, 2024). 다만, 재택근무 축소에도 불구하고 화상 회의, 스마트 워크 센터, 클라우드 협업 툴 활용 등 다른 원격·유연 근무 인프라는 오히려 확대되고 있다. 이는 근로 형태가 단순한 재택 중심에서 벗어나, 업무 성격과 목적에 맞춘 다양한 비대면·하이브리드 방식으로 재편되고 있기 때문이다. 또한 긱 워커의 증가에 따라, 특히 디지털 기반 프로젝트나 지식·창의 분야에서는 원격 근무 형태의 근로자 비중이 확대될 가능성이 크다.

변화하는 고용 환경에서의 사회 안전망 정책 대응 방향

긱 경제와 원격 근무의 확산은 자율성과 효율성을 높이는 장점이 있지만, 동시에 노동자 보호 측면에서는 새로운 과제를 제시하고 있다. 전통적인 정규직 고용 구조에서는 급여, 연금, 의료보험, 유급 휴가 등 다양한 사회 복지 혜택이 기본적으로 보장되었지만, 단기 계약·프로젝트 기반 고용에서는 이러한 혜택이 제한적이기 때문이다. 따라서 장기적으로는 긱 경제가 사회 안정망과 연계되어야 하며, 정부의 정책적 개입이 필요하다. 긱 경제 참여자들이 최소한의 사회 복지 혜택을 누릴 수 있도록 하는 체계적인 법안과 지원 시스템이 마련되어야 한다. 이와 같은 변화가 이루어지지 않을 경우, 긱 경제는 불안정한 직업 구조와 고용 불안이 심화될 수 있다(Goover, 2025).

또한 원격 근무 확산에 따른 사회 안전망 강화도 병행되어야 한다. 원격·하이브리드 근무는 공간적 제약을 줄이고 근로자 자율성을 높이는 장점이 있지만, 전통적인 사무실 근무를 전제로 설계된 법·제도와 충돌하는 영역이 존재한다. 예를 들어, 재택근무 중 발생하는 산업 재해의 인정 범위가 불명확하고, 근로 시간 관리나 휴게 시간 보장이 제대로 이뤄지지 않는 사례가 보고되고 있다. 또한 원격 근무 환경에서의 정보 보안 침해, 개인정보 유출, 장비·인프라 부담 전가 등 새로운 위험 요소가 나타나고 있음에도 이를 포괄적으로 규율하는 법적 장치는 아직 미비한 상황이다. 따라서 정부는 원격 근무 상황에 적합한 산재 보상 기준과 근로 시간 관리 지침을 마련하고, 고용주가 재택·원격 근무에 필요한 장비·보안 솔루션을 지원하도록 의무화할 필요가 있다.

장기적으로는 근무 형태와 관계없이 모든 노동자가 최소한의 복지와 사회적 안전망을 보장받으며, 기술 변화에 유연하게 적응할 수 있는 포용적 노동시장을 구축해야 한다. 이를 위해 정책적 대응뿐만 아니라 사회적 합의가 반드시 뒷받침되어야 한다. 사회 구성원 모두가 AI

시대와 고용·근무 형태의 다양성을 피할 수 없는 변화로 인식하고, 이러한 변화 속에서 모든 노동자가 복지와 안전망의 혜택을 누릴 수 있도록 노력해야 한다. 이러한 환경이 마련되어야만 긱 경제와 원격 근무가 안정적이고 지속 가능한 노동 환경으로 자리 잡을 수 있으며, 이는 장기적으로 국가와 사회의 지속 가능한 성장 동력으로 이어질 수 있을 것이다.

참고문헌

정순기 외(2024). 《중장기 인력수급 전망 2022-2032》. 고용노동부. https://www.nabis.go.kr/issuReportDetailView.do?gbnCode=P52&menucd=130&poIdx=16689&refCode=10

매일경제(2023). "[단독] 2030 "재택근무 없애? 그럼 이직" … 회사는 '근무태만' 걱정만". https://www.mk.co.kr/news/economy/10871427

매일경제(2025). "한국인 재택근무 40개국 중 '꼴찌'… 일주일에 0.5일". https://www.mk.co.kr/news/society/11298339

KB경영연구소(2025). "일하는 법이 달라졌다, 스폿워크(Spot work)의 부상". 《KB 지식 비타민》.

Digital Insight(2024.7.4). "세계적으로 확산된 유연근무… "한국의 근무 환경은 어떨까?"". https://ditoday.com/세계적으로-확산된-유연-근무-한국의-근무

goover(2025). "AI의 시대, 노동 시장의 변화와 우리의 대처방안".

https://seo.goover.ai/report/202504/go-public-report-ko-30[illegible]140-10bb-4657-9672-d8404a45360a-0-0.html

Bloom, N. et al.(2013). Does Working from Home Work? Evidence from a Chinese Experiment. National Bureau of Economic Research. https://www.nber.org/papers/w18871

Bloom, N. et al.(2024). Hybrid working from home improves retention without damaging performance. *Nature, 630.* https://doi.org/10.1038/s41586-024-07500-2

Gallup(2025). Global Indicator: Hybrid Work. https://www.gallup.com/401384/indicator-hybrid-work.aspx

Robert Half.(2025). Remote Work Statistics and Trends for 2025. https://www.roberthalf.com/us/en/insights/research/remote-work-statistics-and-trends

U.S. Bureau of Labor Statistics.(2024). Productivity and Remote Work. https://www.bls.gov/productivity/notices/2024/productivity-and-remote-work.htm

06
AI 시대 기업의 인재 확보 전략

기업이 AI 시대에 우수한 인재를 확보하고 내부 역량을 강화하기 위한 전략 및 방법을 분석하여 기업의 경쟁력 강화를 위한 인재 확보 전략을 모색한다.

AI와 민주주의?

인재 확보와 유지 전략의 새로운 패러다임

2025년 기업 채용 시장은 급변하는 환경 속에서 정규 공채가 축소되고 수시 · 상시 채용이 확대되는 등 새로운 국면을 맞이하고 있다. 기업은 구성원에게 맞춤형 경험을 제공함으로써 만족도를 높이는 전략을 강화하고 있으며, 장기적 관점에서 핵심 인재를 확보하기 위해 강력한 직원 가치 제안(EVP)을 마련하고 있다. 또한 단순한 학력이나 스펙보다는 미래에 필요한 스킬셋(skill set)과 소프트 스킬을 갖춘 인재를 찾는 것이 인재 확보의 중요한 과제로 부상하고 있다(송민호, 2024).

이러한 변화의 중심에는 MZ 세대의 가치관 변화가 있다. 이들은 조직의 성과보다는 개인의 성장과 자율성을 중시하며, 더 나은 환경이 주어진다면 이직에 대해서도 적극적으로 고려한다. 이러한 흐름에 대응하기 위해, 기업들은 유연 근무제, 재택근무, 자율 좌석제, 주 4일제와 같은 제도적 유연성을 적극 도입하고 있다. 특히 AI 인재의 경우, 높은 연봉뿐 아니라 조직 문화, 권한 부여, 자율성 등 비금전적 보상 요소에 대한 기대가 크기 때문에, 이러한 요소는 핵심 인재 확보와 유지에 필수적이다(KB 경영연구소, 2025).

또한 AI 시대에는 급변하는 기술과 비즈니스 환경에

적응하기 위해 스킬 기반 인재 전략의 중요성이 더욱 커지고 있다. 이에 기업은 구성원의 스킬 갭을 체계적으로 진단하고, 리스킬링(reskilling)과 업스킬링(upskilling)을 통해 내부 직원의 역량을 강화하며 변화에 능동적으로 대응하고 있다.

마지막으로, 불확실한 수요 변동에 대응하기 위해 내부 인재 활용에 대한 관심도 높아지고 있다. AI 기반 인재 매칭 플랫폼을 활용하여 필요한 인력을 신속히 재배치하고, 직원들에게 다양한 경력 성장 기회를 제공하는 것이다. 글로벌 기업 유니레버는 내부 인재 마켓 플레이스 'Flex Experiences'를 통해 팬데믹 기간 동안 수요가 감소한 부서의 3000여 명을 수요가 증가한 부서로 전환 배치함으로써 조직의 민첩성과 효율성을 확보한 바 있다(Green, 2021).

스킬 중심 인재 확보와 리스킬링, 업스킬링을 통한 경쟁력 제고

과거의 인재 확보는 직무 단위에 기반해 이루어졌다. 기능이나 업무 프로세스에 따라 직무를 세분화하고, 유사한 절차와 역할을 수행하는 직무 단위를 중심으로 인재를 채용·배치하는 방식이 일반적이었다. 그러나 급변하는 경영 환경 속에서 이러한 방식은 한계에 직면하고 있다. 이에 따라 조직은 '직무'보다 '스킬'을 중심으로 한 보다 유연하고 민첩한 인재 확보 및 운영 체계를 요구받고 있다(김주수, 2023).

실리콘밸리의 기업 사례는 이러한 변화의 방향성을 잘 보여준다. 구글은 지역, 서비스, 기능이 복합적으로 얽힌 매트릭스 조직을 운영하며, 다양한 프로젝트가 동시에 진행되는 가운데 구성원들이 자율적으로 팀을 구성하고 해체하는 과정을 반복한다. 구성원은 특정 직무에 고정되지 않고 다양한 기능과 서비스를 넘나들며 역할을 수행하고, 이를 통해 조직은 빠른 시장 변화에 효과적으로 대응할 수 있다. 동시에 구성원은 실무 경험을 통해 자신의 스킬을 확장하고 역량을 고도화한다. 이처럼 스킬 기반 HR 전략은 조직의 민첩성과 지속 가능성을 높이는 핵심 요소로 자리 잡고 있다(김주수, 2023).

동시에, 기술 발전과 자동화 확산은 노동시장에 구조적 충격을 주고 있다. 산업연구원 보고서(2024)에 따르면, 2022년 기준 전체 일자리의 약 13.1%인 327만 개가 자동화로 대체될 위험에 처해 있으며, 제조업, 건설업, 전문 · 과학 · 기술 서비스업, 정보 통신업 등을 자동화에 영향을 받을 주요 산업으로 제시하고 있다(민순홍 외,

2024). 이러한 변화 속에서 조직이 경쟁력을 유지하기 위해서는 내부 인재에 대한 리스킬링, 업스킬링 전략이 필수적이다.

글로벌 기업들은 이에 선제적으로 대응하고 있다. 아마존은 'Upskilling 2025' 및 'Amazon Career Choice' 프로그램을 통해 기술 교육과 경력 전환을 지원하고 있으며, AT&T는 'Future Ready', IBM은 'New Collar' 프로그램을 통해 직원 역량 강화에 주력하고 있다(김창일, 2024). HSBC 또한 'AI 앰배서더 프로그램'을 통해 구성원 수준에 따라 맞춤형 학습 경로를 제공하며, AI 활용 역량을 강화하고 있다(KB경영연구소, 2025). 이러한 프로그램은 단순한 교육을 넘어, 인재 경쟁력을 확보하기 위한 전략적 투자로 기능을 하고 있으며, 기업의 미래 생존 가능성과 직결되는 핵심 자산으로 작용하고 있다.

결국 스킬 기반 인재 확보와 리스킬링, 업스킬링은 출발점은 다르지만, 급변하는 환경 속에서 조직의 민첩성과 경쟁력을 높인다는 공통된 목표를 갖는다. 스킬 중심의 인재 확보가 '외부 채용 전략'이라면, 리스킬링, 업스킬링은 '내부 인재 육성 전략'으로서 상호 보완적으로 작동하며, 이를 통해 기업은 불확실성의 시대에도 지속 가능한 성장을 도모할 수 있다.

내부 인재 탐색과 유연한 인재 활용

기업이 필요로 하는 스킬을 가진 인재를 확보하는 일은 점점 더 어려워지고 있다. 맥킨지는 글로벌 기업의 87%가 기술 인재 부족 문제에 직면할 것이라고 전망했으며, 2030년까지 일자리에 요구되는 기술의 70%가 바뀔 것으로 예상했다. 그러나 기업 HR 담당자의 73%는 지원자 절반 이상이 채용 기준을 충족하지 못한다고 응답했다. 더구나 생산 가능 인구(15~64세) 자체가 감소하고 있어 인재 확보 경쟁은 더욱 치열해질 수밖에 없다. 실제로 국내 생산 가능 인구는 2020년 이후 지속적으로 줄어들어 2030년에는 약 300만 명이 줄어들 것으로 예상된다. 유럽과 일본 등 선진국에서도 유사한 인구 구조 변화가 진행 중이다(곽연선 · 전재권, 2025).

이러한 상황 속에서 글로벌 기업들은 외부 인재 채용뿐 아니라 내부 인재 탐색에 주목하고 있다. 슈나이더 일렉트릭, 유니레버, 구글, IBM, 마이크로소프트 등은 AI 기반 내부 인재 시장(Internal Talent Marketplace)을 도입해 필요한 스킬을 가진 인재를 사내에서 찾아 활용하고 있다. 이 플랫폼의 핵심은 구성원의 스킬, 경험, 경력 목표를 분석해 다양한 직무와 프로젝트와 연결하는 데 있으며, 동시에 구성원이 새로운 역할에 필요한 역량을 스스로 개발할 수 있는 기반을 마련해 준다(곽연선 · 전재권, 2025).

그러나 이와 같은 내부 인재 탐색과 유연한 인재 활용이 효과적으로 이루어지기 위해서는 체계적인 데이터 관리가 필수적이다. 스킬의 정의가 명확해야 하고, 그 수준 또한 구분되어야 한다. 이러한 데이터가 정교하게 관리될 때 비로소 효과적인 내부 인재 매칭이 가능하다. 실제로 링크드인 연구에 따르면, 내부 이동을 적극 장려하는 기업은 구성원의 근속 기간이 평균 53% 길고, 자기계발을 위한 학습 동기도 17% 더 높은 것으로 나타났다. 물론 우수 인재의 이동으로 인력 공백이 생길 수 있어 리더들이 반발할 가능성도 있다. 따라서 조직 전체의 긍정적 효과를 인식시키고, 이러한 우려를 해소하기 위해 지속적인 소통과 더불어 명확한 가이드라인 수립, 교육 지원이 함께 이루어져야 한다(곽연선 · 전재권, 2025).

참고문헌

곽연선·전재권(2025). "사내에 숨겨진 고수, AI가 찾아드립니다". LG경영연구원.

김주수(2023). "일터 변화에 대응하기 위한 스킬 중심 HR rethinking". 머서. https://www.mercer.com/ko-kr/insights/talent-and-trans

formation/skill-based-talent-management/hr-rethinking/

김창일(2024). "[전문가칼럼] 4차 산업혁명 대비를 위한 전략, 업스킬링과 리스킬링". GS칼텍스 미디어허브. https://gscaltexmediahub.com/future/upskilling/

송민호(2024.12.13). "[기고] 채용 패러다임의 변화… AI와 개인화된 채용 전략의 시대". ZDNet Korea. https://zdnet.co.kr/view/?no=20241213085249

KB경영연구소(2025). "AI 인재는 어디로 향하는가: 국가 간, 기업 간 치열해지는 AI 인재 확보 경쟁". 《KB 지식 비타민》.

Green, D.(2021). How Unilever has created a culture of internal talent mobility (Interview with Jeroen Wels). myHRfuture. https://www.myhrfuture.com/digital-hr-leaders-podcast/2021/3/2/how-unilever-has-created-a-culture-of-internal-talent-mobility

07
AI와 일자리 불평등 문제

AI 시대에는 기술을 보유한 사람과 그렇지 못한 사람 간 격차가 벌어질 우려가 크다. 새로운 기술을 습득할 기회와 능력이 있는 노동자는 양질의 일자리로 이동하거나 임금이 상승하는 반면, 그렇지 못한 노동자는 일자리 상실 위험에 더 크게 노출된다. AI 도입이 초래할 수 있는 노동시장 내 불평등 문제와 이로 인한 사회적 영향에 대해서 살펴본다.

AI와 애니메이션?

고숙련·저숙련 노동자 간 기회의 격차 확대

AI 기술의 발전은 노동시장 내 고숙련 및 저숙련 노동자 간의 고용 기회의 격차를 확대시키는 주요 요인으로 작용하고 있다. 최근 AI는 고숙련 근로자의 업무도 위협하고 있지만 상대적으로 반복적이고 규칙적인 작업을 수행하는 저숙련 근로자의 일자리를 대체할 가능성이 더 높다. 이에 따라 변호사, 의사, 판사와 같은 높은 책임감과 대인 상호작용이 필요한 직업은 AI 노출도가 높긴 하지만, 업무를 대체하기보다는 오히려 AI가 인간의 업무를 보완하고 생산성을 높이는 시너지 효과를 낼 가능성이 높다. 또한 조직의 고위층은 AI를 통해 생산성을 더욱 높일 수 있다. 또한 대학 이상의 교육을 받은 근로자들은 AI로 인해 일자리 위협받을 경우 AI와 상호 보완성이 더 높은 직무로 상대적으로 쉽게 접근할 수 있다. 또한 젊은 세대의 경우 새로운 기술에 대한 적응력과 친숙도 덕분에 이러한 새로운 기회를 더 긍정적으로 살릴 수 있다.

반면 저숙련 노동자나 단순 · 반복 업무 종사자들은 AI로 대체될 위험에 직면해 있다. AI 기술이 지속적으로 발전함에 따라 인간의 단순 반복적인 직무는 빠르게 기술에 대체되고 있으며 이에 따라 과거 저임금 노동력에 의존하던 분야에서 인간 노동 수요를 빠르게 감소시키고 있다. 특히 저숙련 근로자는 AI 도입시 재교육이나 직무 이동에서도 고숙련 근로자에 비해 상대적으로 어려움을 겪는다(손혜원, 2023). 또한 고령 근로자들도 AI로 인한 직무 변화에 재적응하고 새로운 기술을 습득하기가 쉽지 않다. 따라서 고령자는 재취업이나 직무 이동에서 더 큰 어려움을 겪을 수 있다(IMF, 2024). 이러한 현상은 단순히 노동자의 개인적 역량 차이에서 비롯되는 것이 아니라, 사회적 안전망의 부족, 재교육 기회의 불균등, 기업의 인적 자원 투자 격차 등 구조적 요인과 맞물려 더욱 심화될 수 있다. 따라서 AI가 고용에 미치는 충격은 단순한 기술 활용의 문제가 아니라, 사회적 불평등을 확대할 수 있는 구조적 문제로 이해될 필요가 있다.

기술 격차와 디지털 디바이드

AI 시대에는 기술을 보유한 사람과 그렇지 못한 사람 간 격차가 벌어질 우려가 크다. 새로운 기술을 습득할 기회와 능력이 있는 노동자는 양질의 일자리로 이동하거나 임금이 상승하는 반면, 그렇지 못한 노동자는 일자리 상실 위험에 더 크게 노출된다. 디지털 디바이드(정보 격차) 문제도 여전히 존재하여, 지역이나 세대에 따라 교육 수준이나 인터넷 접근성이 낮은 계층은 AI 활용 능력이 떨어져 경쟁에서 불리한 위치에 놓일 수 있다. OECD에 따르면 세계적으로 연령·교육 수준·소득에 따라 인터넷 이용과 디지털 기술 활용에 큰 격차가 존재한다. 예컨대 16~24세 청년은 55~74세 노년층보다 인터넷 이용률이 약 16% 포인트 높고, 고학력층은 저학력층보다 약 15% 포인트 더 활발히 디지털 서비스를 이용한다(OECD, nd). 또한 디지털 기술 접근성과 활용 능력의 불균형은 기업 차원에서도 나타날 수 있다. 스마트 기기, 애플리케이션, 클라우드 서비스로 생성되는 데이터의 급증은 소수의 테크 업체에 정보가 집중되는 현상을 야기할 수 있다. 이는 AI 개발에 필요한 데이터 접근의 불균형을 초래하고 경쟁을 저해할 수 있는 가능성이 있다.

AI 시대, 기술의 격차는 국가 간, 계층 간 디지털 디바이드로 이어져 불평등을 심화시킬 수 있다. IMF 보고서(2024)에 따르면 선진국과 일부 선도적 신흥 경제국은 디지털 인프라, 혁신, 인적 자원 등의 측면에서 AI를 활용할 준비가 잘 되어 있다. 반대로 저소득 국가들은 선진국 대비 모든 면에서 AI를 활용할 준비가 아직 미흡하다. 그 예로 2024년 기준 고소득 국가에서는 국민의 93%가 인터넷을 사용하지만, 저소득 국가에서는 그 비율이 27%에 불과하다. 이는 데이터를 구축할 수 있는 여건 자체가 다른 것을 의미한다. 스마트 기기와 인터넷 활용이 활성화되어 있는 고소득 국가에서는 데이터의 수집이 상대적으로 용이하며 이런 데이터를 활용하여 금융, 제도, 국방 등 고부가 가치 분야에서 AI를 선도할 수 있다. AI를 활용한 자동화를 통해 선진국의 제조업 해외 노동력 의존도까지 낮추고 있어, 개발도상국의 산업 발전 기회가 줄어들고 있다는 지적이 있다(CGD, 2024)

소득 불균형 심화와 직업 양극화

AI를 활용한 혁신은 중산층 일자리 감소와 소득 양극화를 더욱 가속화할 수 있다. 과거 산업혁명은 주로 블루칼라 직업에 영향을 미쳤으나, AI는 인지적이고 비정형적인 업무까지 수행할 수 있게 되면서 사무직·전문직 등 화이트칼라 영역에도 광범위하게 영향을 미치고 있다. 실제로 미국의 고객 관리 소프트웨어 기업 세일즈포스는 기업 내 AI 에이전트 도입으로 엔지니어 신규 채용을 중단한다고 공개했으며, IBM은 2023년부터 AI로 대체 가능한 직무의 채용을 중단하고 2028년까지 전체 직원의 30%를 감축하겠다는 계획을 밝혔다. 또한 메타의 마크 저커버그 역시 2025년까지 AI가 중급 개발자 수준의 코딩 작업을 수행할 수 있을 것이라고 전망했다. 반면 일부 영역에서는 수요가 오히려 증가하고 있다(진동영, 2025). 2023년 Mckinsey 보고서 'Generative AI and the future of work in America'에 따르면 'STEM(과학 · 기술 · 공학 · 수학)' 분야나 비즈니스 운영자, 법률 직무는 AI로 대체되거나 사라지지 않고, 오히려 생성형 AI의 도움을 받게 될 것으로 예상하였으나 음식 서비스, 고객 서비스, 판매, 사무 지원 분야 일자리가 가장 많이 사라질 것으로 전망하였다(Mckinsey, 2023)

직업 구조의 변화는 소득 불균형 심화로 이어질 수 있다. AI와 보완성이 높은 STEM 분야나 비즈니스 운영자, 법률 직무 종사자는 생산성 향상에 힘입어 소득이 증가하는 반면, 음식 서비스, 고객 서비스, 판매, 사무 지원과 같이 자동화 대체 가능성이 큰 분야의 노동자는 소득이 정체되거나 감소할 위험이 크다.

특히 팬데믹 이후 가속화된 원격 근무와 자동화 확산은 교육 · 기술 수준이 낮은 계층의 일자리 불안정을 더욱 심화시키고 있다. 또한 자동화와 AI의 확산은 기업의 자본 수익률을 높여 고소득층에 더 큰 이익을 안겨준다. 자본을 다수 보유한 집단은 투자 수익의 직접적 수혜자가 되지만, 노동 소득에 의존하는 저소득층은 이러한 혜택을 충분히 누리기 어렵다. 실제로 2023년 맥킨지 보고서는 생성형 AI 도입이 미국의 생산성을 매년 0.5~0.9% 포인트 향상시킬 수 있다고 전망했으나, 이러한 성장의 이득은 주로 자본 소득 중심으로 집중될 가능성이 크다. 이는 소득 격차 확대를 더욱 가속화할 수 있음을 시사한다(McKinsey, 2023).

일자리 불평등을 줄이기 위한 사회적 노력

AI 시대 기술 변화에 따른 부정적 충격을 최소화하고 포용적 성장을 이루기 위해서는 정부, 기업, 시민 사회의 다각적인 협력이 필수적이다. 무엇보다 빠르게 변화하는 환경 속에서 노동자가 적응하고 성장할 수 있도록 평생학습 체계를 강화해야 한다. AI 발전으로 인해 전통적인 직무가 사라지고 새로운 직무가 등장하는 상황에서 단순·반복적인 업무는 기술에 의해 대체될 가능성이 크다. 따라서 현재 직무에서 전문성을 심화하는 업스킬링, 다른 분야로 이동할 수 있도록 지원하는 리스킬링이 체계적이고 효과적으로 이루어져야 한다(김창일, 2024).

이를 위해 정부는 정책적 지원과 제도적 기반을 마련하고, 기업은 교육·훈련 프로그램을 확대하며, 사회 전반은 취약 계층을 포함한 학습 기회와 인프라를 보장해야 한다. 특히 중소기업 근로자, 비정규직, 고령층과 같이 교육 접근성이 낮은 집단에 대한 지원이 중요하다.

또한 노동시장과 사회 안전망의 현대화가 요구된다. 기존 법·제도는 전통적 산업 구조를 전제로 설계되어 있어, 최근 확산되는 긱 경제와 플랫폼 노동 같은 새로운 고용 형태를 충분히 반영하지 못하고 있다. 앞으로는 다양한 형태의 노동자들도 법적 보호를 받을 수 있도록 근로자성의 범위를 재정의하고, 보호의 사각 지대를 해소하기 위한 제도적 노력이 필요하다. 아울러 직업 이동이 더 빈번하게 일어나는 현실을 고려하여, 근로자가 실업이나 소득 감소 상황에서도 경제적 안정을 유지할 수 있도록 소득 보험 제도를 논의할 필요가 있다. 더불어 AI 발전으로 자본 소득의 비중이 확대되고 일자리 감소 우려가 커지면서, 유럽연합에서 논의되고 있는 로봇세(Robot Tax)와 기본소득(Basic Income) 제도 역시 사회적으로 검토해야 할 과제다. 물론 이러한 제도의 실행 여부는 충분한 사회적 합의가 전제되어야 한다. 그러나 만약 분배 구조 개선에 실패한다면, 기술 발전이 과거 러다이트 운동처럼 새로운 사회적 갈등의 불씨가 될 수 있다는 점에서 적극적인 논의가 필요하다(김윤명, 2016).

참고문헌

김윤명(2016). “인공지능시대, 기본소득을 생각하다!”. 《월간SW중심사회》. 소프트웨어정책연구소. https://spri.kr/posts/view/18622?code=data_all&study_type=column

김창일(2024). “[전문가칼럼] 4차 산업혁명 대비를 위한 전략, 업스킬링과 리스킬링”. GS칼텍스 미디어허브. https://gscaltexmediahub.com/future/upskilling/

손혜원(2023). “AI와 노동시장-일자리의 양, 질 및 노사관계: “OECD Employment Outlook 2023”의 주요 내용을 중심으로”. 국회입법조사처. https://www.nars.go.kr/report/view.do?cmsCode=CM0043&brdSeq=43705

진동영(2025). “전세계 AI로 인력 대체… 일자리 양극화 경고음”. 서울경제. https://www.sedaily.com/NewsView/2GRMUGXGJW

Aloisi, K.(2024). Regional Spotlight: Technology vs. the middle class. *Economic Insights, 9*(4), pp.19~25. Federal Reserve Bank of Philadelphia.

Cazzaniga, M. et al.(2024). Gen-AI: Artificial intelligence and the future of work. International Monetary Fund. https://doi.org/10.5089/9798400262548.006

Georgieva, K.(2024). AI will transform the global economy. Let's make sure it benefits humanity. IMF Blog. https://www.imf.org/en/Blogs/Articles/2024/01/14/ai-will-transform-the-global-economy-lets-make-sure-it-benefits-humanity

McKinsey Global Institute.(2023). Generative AI and the future of

work in America. McKinsey & Company.
https://www.mckinsey.com/mgi/our-research/generative-ai-and-the-future-of-work-in-america

OECD(n.d.). Digital divides.
https://www.oecd.org/en/topics/digital-divides.html

Schellekens, P. & Skilling, D.(2024). Three reasons why AI may widen global inequality. Center for Global Development.
https://www.cgdev.org/blog/three-reasons-why-ai-may-widen-global-inequality

08
AI 시대, 법과 윤리 문제

AI 기술 개발이나 활용도 중요하지만, 어떻게 하면 AI를 윤리적으로 쓸 것인가에 대한 고민과 실천이 반드시 병행되어야 한다. AI가 잘못 사용될 경우 인류에게 실존적 위협이 될 수 있기 때문이다. AI 관련 기술 발전에 따라 등장하는 법적, 윤리적 쟁점과 향후 규범 마련을 위한 필요성에 대해 논의한다.

AI와 인재 채용?

윤리 기준이 없는 AI 활용은 위험하다

AI 기술은 인간의 삶을 편리하게 하고 인간이 풀지 못하는 문제를 해결하는 잠재력을 가지고 있으나, AI가 잘못 사용될 경우 인류에게 실존적 위협이 될 수 있다는 우려가 지속적으로 제기되고 있다. 실제로 업계 리더 및 전문가들은 AI의 위험성을 지속적으로 경고해 왔다. 샘 올트먼은 "국제원자력기구(IAEA)와 같이 AI 문제를 감시·규제할 국제기구가 필요하다"고 강조했으며, 스티븐 호킹 또한 "인류가 AI에 대처하는 방법을 익히지 못한다면 AI 기술은 인류 문명사에서 최악의 사건이 될 것이다"라고 경고하였다(유화선 외, 2024).

따라서 AI 기술 개발 및 활용도 중요하지만, 어떻게 하면 AI를 윤리적으로 쓸 것인가에 대한 고민과 실천이 반드시 병행되어야 한다. 인공지능의 윤리적 사용은 공정성, 투명성, 책임성, 편향 해소 등을 핵심 요건으로 삼는다. 이는 AI 사용의 사회적 수용성을 높이고 인간의 권리와 존엄성, 다양성을 존중하는 데 기여할 수 있다. 특히 차별적 알고리즘이나 편향적 데이터가 초래할 수 있는 불평등 문제에 대응하고 알고리즘 작동 원리에 대한 설명을 통해 투명성을 확보하여 책임 소재를 명확히 하는 것이 필수적이다. 윤리 기준 없이 활용되는 AI는 사회적으로 문제를 유발할 수 있다.

실제 사례도 존재한다. 2018년 아마존이 개발한 AI 채용 시스템은 여성 지원자를 차별한다는 사실이 드러나며 결국 폐기되었다(김정욱 외, 2024). 또한 미국 텍사스 휴스턴의 공립학교 교사들은 민간 기업 SAS Institute가 개발한 'EVAAS' 알고리즘으로 교원 평가를 받았으나, 알고리즘을 영업 비밀의 이유로 공개하지 않아 시스템의 불투명성이 문제가 되었다. 결국 연방 지방 법원은 해당 AI 시스템의 사용을 중단하라고 판결하였다(김일우, 2023). 이처럼 AI 윤리는 단순한 권고 차원을 넘어 사회적 합의가 필요한 사안이며, 반드시 지켜져야 할 사안에 대해서는 입법을 통해 제도적으로 해결하여야 한다.

AI가 만든 새로운 입법 과제

각 국가 정부는 AI 산업의 발전 그리고 안전한 AI 활용 사이에서 끊임없이 고민하고 있다. AI 규제가 앞설 경우 자칫 AI 산업의 발전을 가로막을 수 있기 때문에, AI 규제와 관련해서 각 국가 정부는 매우 신중한 입장을 가지고 있다. 하지만 AI가 잘못 사용되었을 때 생길 수 있는 악영향의 파급 효과를 생각해서 AI 산업 육성 못지않게 올바른 AI 활용을 위한 가이드라인 마련과 입법은 필수적인 과제라 할 수 있다. 세계에서 올바른 AI 활용을 위해 가장 빠르게 입법 논의가 이루어지고 있는 곳은 유럽이다. 유럽은 EU AI 기본법을 통해 올바른 AI 사용을 위한 법률을 제정하였고, 2026년 시행을 앞두고 있다. 미국의 경우에는 유럽과 다르게 연방 차원의 포괄적인 법을 제정하기보다는 주 및 지방 정부에서 법제화가 활발히 이루어지고 있다.

AI 관련 해외 입법 현황

① EU AI 기본법

유럽연합(EU)은 2024년 8월 EU AI 기본법(EU AI Act)을 발효했다. EU AI 기본법은 총 113개의 규정과 13개의 부속서로 구성되어 있다(홍성민, 2024). EU AI Act는 전 세계 AI 규제의 기준을 제시한 최초의 포괄적 법안으로 볼 수 있다. EU AI Act는 위험 수준에 따라 AI 시스템에 대한 규제 수준을 차등화하는 위험 기반 접근법(risk-based approach)을 취하고 있다. 먼저, '위험'은 위해(harm)의 발생 가능성(probability of occurrence)과 위해의 심각성(severity) 모두를 반영한 개념이다. 4단계의 위험은 강도가 높은 순으로 1. 허용 불가한 위험(Unacceptable Risk), 2. 높은 위험(High Risk), 3. 제한된 위험(Limited Risk), 4. 최저 위험(Minimal or No Risk)으로 분류한다(김정욱 외, 2024).

이 법 체계에 따르면 AI 시스템은 위험 수준이 더 높을수록 규제의 강도가 강화된다. 가장 높은 단계인 '허용 불가 위험'에 속하는 AI는 원칙적으로 사용이 금지된다. 반면 '최저 위험'으로 분류된 시스템은 규제 적용을 받지 않으며, 사업자가 자발적으로 마련한 행동 강령만 따르면 된다. 한편 '제한적 위험' 단계로 분류되는 AI 시스템은 투명성 의무(obligations of transparency) 대상으로 분류되어, 이는 AI가 생성하거나 조작한 콘텐츠임을 사용자에게 알 수 있도록 라벨링하거나 공시해야 한다(김정욱 외, 2024).

가장 복잡하고 강력한 구제는 '높은 위험' 단계의 AI 시스템에 이루어진다. 이 단계에 해당하는 시스템은 시스템이 시장에 출시되기 전, 법에서 정한 여러 필수 요건을 충족했는지 평가하는 적합성 심사를 반드시 거쳐야 한다. 필수 요건에는 기술 문서 작성 및 기록 유지, 사용자 정보 제공과 투명성 확보, 정확성과 보안 등을 포함한다. 특히 인사 관리, 고용, 교육 훈련에 활용되는 AI 시스템은 모두 '높은 위험'에 해당되어, 이러한 절차와 요건을 반드시 충족해야 한다(김정욱 외, 2024).

② 미국의 AI 관련 법

미국의 경우에는 유럽과 다르게 연방 차원의 포괄적인 법을 제정하기보다는 주정부 법제화가 활발히 이루어지고 있다. 일리노이주는 2019년 8월 'AI 영상 면접법'을 제정하고 2020년 1월부터 시행하고 있다. 이 법에 따르면 AI 영상 면접 기술을 활용하는 고용주에게는 1. 지원자에게 AI 사용에 대한 사전 고지 2. AI 작동 방식 및 평가 요소에 대한 정보 제공 3. 지원자의 사전 동의 확보 4. 면접 이후 지원자의 영상 공유 제한 5. 지원자가 요청할 경우 영상 삭제 등의 의무를 부여한다. 뉴욕시는 2021년 12월 '자동화된 고용 결정 도구(Automated Employement Decision Tools, AEDT)법'을 제정하고 뉴욕시 거주자들 대상으로 채용 · 승진 결정에 AEDT를 사용할 경우 1. 사용 사실과 해당 도구 · 평가의 특성 사전 고지 2. 사용 전 1년 이내 편향 감사 실시 3. 감사 결과 웹사이트 공개 의무 적시 등의 의무를 부여하고 있다. 콜로라도주 · 코네티컷주는 고용 또는 고용 기회와 관련된 중대한 결정을 내리는 AI 시스템을 고위험 유형으로 규정한다. 두 주정부 모두 사전 고지, 정보 공개, 위험 관리 정책 및 프로그램 운영, AI 영향 평가 시행 등을 공통적으로 담고 있으며, 두 곳 법 모두 2026년 2월 시행 예정이다(김소담,

2025).

AI 관련 국내 입법 현황

① 인공지능 발전과 신뢰 기반 조성 등에 관한 기본법

우리나라도 '인공지능 발전과 신뢰 기반 조성 등에 관한 기본법(이하 'AI 기본법')'이 2025년 1월 제정되어 2026년 1월에 시행될 예정이다. 시행될 AI 기본법에 따르면 '채용, 대출 심사 등 개인의 권리 · 의무 관계에 중대한 영향을 미치는 판단 또는 평가'를 하는 AI 시스템은 사람의 기본권에 중대한 영향을 미치는 고영향 인공지능 시스템으로 분류한다(김소담, 2025). 따라서 채용, 성과 관리, 업무 배치, 승진, 징계, 해고 등 인사 관리에 많은 부분이 해당 법률에 의해 고영향 인공지능의 범주 들어갈 가능성이 높다. 위에서 언급한 EU의 AI 기본법 역시 채용, 업무 배치, 성과 관리와 같은 인사 결정 등에 활용되는 AI 시스템을 '고위험 AI 시스템'으로 분류하고 있다(박정택 외, 2025).

이에 따라 채용, 성과 관리, 업무 배치, 승진, 징계, 해고 등 AI 인사 관리 시스템 사업자는 고영향 AI 사업자로 분류될 가능성이 높으며 (1) AI 사용에 대한 사전 고지(제31조), (2) 학습데이터 개요가 포함된 AI 설명 방안

시행(제34조), (3) 위험 관리 방안의 수립·운영(제34조), (4) 이용사 보호 방안 수립·운영(제34조), (5) 사람에 의한 관리·감독 보장(제34조), (6) 안전 및 신뢰성 조치 문서 작성(제34조) 등의 의무를 수행해야 한다(김소담, 2025). 이와 같은 내용은 위 해외 입법 현황에서 살펴보았던 미국의 AI 관련 주정부 법이나 EU 기본법과 그 맥락을 함께한다.

② 채용 절차의 공정화에 관한 법률

'채용 절차의 공정화에 관한 법률'에서도 AI 채용 과정의 투명성과 공정성을 확보하기 위한 개정안이 다수 발의되었다. 21대 국회에서 여러 차례 발의되었고, 22대 국회에서도 동일한 취지의 개정안이 재발의 된 바 있다. 이들 개정안은 공통적으로, 구인자가 AI 기술을 활용해 채용을 진행할 경우 구직자에게 사전에 평가 방식과 알고리즘의 작동 원리를 고지하도록 요구한다. 일부 개정안에는 AI 기술의 편향성 및 차별 가능성 검증, 정보 취약계층 보호, AI 전형 거부권 및 대체 절차 마련 등 보다 강화된 의무도 포함되어 있다.

AI 기본법이 AI 시스템을 개발·제공하는 사업자에게 규제가 주로 부과된다면, 채용 절차 공정화법 개정안은 주로 채용을 실제로 운영하는 구인자(기업·기관)에게 의무를 부여한다는 점에서 차이가 있다. 만약 채용 절차의 공정화에 관한 법률 개정안이 추후 국회를 통과되어 시행이 된다면, 구인자는 단순히 AI를 활용하는 것을 넘어 구직자에게 투명하게 정보를 제공하고 공정성을 담보할 의무를 수행해야 할 것으로 예상된다.

AI 시대 정부의 역할

정부는 2019년 「인공지능 국가전략」, 2020년 「인공지능(AI) 윤리 기준」 수립을 통해 '사람 중심의 인공지능'을 강조해 왔다. 「인공지능(AI) 윤리 기준」은 인간 존엄성, 사회 공공성, 기술 합목적성이라는 3대 기본 원칙과 인권 보장, 프라이버시 보호, 다양성 존중, 책임성, 투명성 등 10가지 핵심 요건을 제시하며, AI가 사회적 긍정 효과를 극대화하고 부작용을 최소화할 수 있도록 방향을 제시해 왔다(과학기술정보통신부, 2025).

다만, 이러한 윤리 기준은 선언적 성격이 강했다. 사회적 합의를 도출하고 기업·기관이 이를 실제로 준수하도록 강제하는 제도적 장치는 부족했다. 이에 2026년부터 시행되는 'AI 기본법'은 단순한 권고를 넘어 사회적 합의를 바탕으로 의무를 부여한다는 점에서 큰 전환점이 되고 있다. 특히 채용, 평가, 승진 등 다양한 인사 관리 영역은 대부분 '고영향'에 해당하기 때문에 정부는 산업 발전이 저해되지 않도록 고려하며 지속적으로 제도적 안전장치를 마련해야 한다. 기업 또한 사회적 신뢰 확보를 위해 이러한 법적 기준을 성실히 준수해야 한다.

참고문헌

과학기술정보통신부(2025). "인공지능 윤리기준 실천을 위한 자율점검표(안)".

김소담(2025). "미국과 한국의 AI 채용 분야 정책 현황". 《KISDI Perspectives》, 2.

김일우(2023). "고위험 인공지능시스템의 기본권 침해에 관한 헌법적 연구". 서강대학교 박사학위논문.

김정욱 외(2024). "인공지능 시대의 경쟁력 강화를 위한 AI 규제 연구". 경제 인문사회연구회.

박정택·류지효(2025.2.10). "인공지능기본법 제정 및 인사노무 분야에서 AI 관련 규제 동향". 노동법률. https://www.worklaw.co.kr/main2022/view/view.asp?in_cate=106&in_cate2=0&bi_pidx=37579

유화선 외(2024). "인공지능 윤리(AI Ethics): 인간과 인공지능의 조화로운 공존 방안". 《KISTI ISSUE BRIEF》, 68.

이광욱 외(2024). "AI를 활용한 채용절차 관련 규제 동향". 법무법인 화우 LEGAL UPDATE.

홍성민(2024). "AI에 의한 노동시장 변화 대응 입법연구". 한국법제연구원.

09
AI 시대의 노동 정책과 정부의 역할

AI 시대를 맞아 새로운 직무와 근로 형태를 포괄하는 법적 안전망 등 노동권 보호 범위를 시대 변화에 맞게 확장할 필요가 있다. 정부의 노동시장 대응 정책, 노동자 권익 보호 및 사회적 합의 구축을 위한 전략적 접근 방법에 대해서 종합적으로 검토한다.

AI와 기자?

AI 시대 일자리 창출 전략

새로운 기술은 언제나 새로운 산업과 직무를 탄생시키며 일자리 구조를 바꾸어 왔다. 역사적으로도 증기기관, 전기, 인터넷의 보급이 그랬듯이 기술 혁신은 기존 일자리를 줄이기도 했지만 동시에 전혀 예상치 못한 새로운 직업들을 만들어 냈다.

오늘날 인공지능(AI) 역시 같은 흐름 위에 놓여 있다. AI가 빠르게 발전하면서 일부 기존 일자리가 줄어들 수 있다는 우려가 점점 커지고 있으며, 특히 단순 반복 업무나 서류면 노동은 AI에 의해 대체될 가능성이 높은 영역으로 꼽힌다. 그러나 이러한 우려와 동시에, AI는 또 다른 차원의 새로운 직업과 산업을 만들어 낼 수 있는 기회를 함께 가지고 있다. 즉, AI는 일자리를 줄이기도 하지만 새로운 기회를 만들어 내기도 하는 양면적 특성을 지닌다.

예를 들어 스마트팜에서는 AI가 농업 자동화를 이끌면서 농업 기술자, 데이터 기반 작물 관리 전문가와 같은 새로운 직무가 등장한다. 헬스케어 분야에서도 AI 기반 진단과 맞춤형 치료 서비스가 확산되면서 의료 데이터 분석가, 원격 의료 코디네이터와 같은 직종이 늘어나고 있다. 더 나아가 AI 산업이 본격적으로 성장함에 따라 메타버스 기획자, AI 디자인 전문가, 알고리즘 공정성을 검증하는 AI 윤리 · 규제 전문가 등 지금까지 없었던 직무들이 빠르게 증가할 것으로 전망된다.

따라서 정부의 역할은 사라지는 직업에 대한 불안감을 줄이는 데 그치지 않고, 새롭게 생겨나는 일자리의 긍정적 효과를 극대화하는 데 초점을 두어야 한다. 구체적으로는 AI 인프라 확충과 기술 주도권 확보를 통해 기업이 성장할 수 있는 토대를 마련해야 한다. 대규모 데이터센터와 클라우드 인프라, 반도체 설비를 확충하고, 연구개발 지원금과 세제 혜택을 제공하여 AI 기업 창업과 스케일업을 촉진하는 것이 대표적인 방법이다. 이러한 정책은 민간 기업의 경쟁력을 강화하는 동시에 새로운 일자리 창출로 이어질 수 있다. 더 나아가 AI 시대 일자리 변화에 대응하기 위한 인력 양성 및 재교육 체계 확립도 중요하다. 평생직장의 개념이 약화되면서 평생학습 및 재교육 필요성이 더욱 강조되고 있으며, 산업의 구조 전환시 인재 재배치를 원활하게 하고 노동자 장기 실업을 피하게 하기 위한 재교육이 필요하다. AI 시대의 고용 기회를 국민 모두가 체감할 수 있는 방향으로 확대할 수 있을 것이다.

노동법 및 노동권의 현대화

AI가 도입된 업무 환경은 고용 관계의 형태와 근로 현장의 법적 쟁점을 새롭게 만들고 있다. '평생직' 개념이 희미해지고, 프로젝트 기반으로 일하는 긱 워커(Gig Worker), 초단기 · 즉시 채용 형태의 스폿 워크(Spot Work) 등 새로운 근로 형태가 확산되면서 이들의 노동권을 보호하기 위한 법적 논의가 필수적이다. 긱 워커 · 프리랜서 · 스폿 워커 등은 전통적인 노조 중심의 단결 방식을 선호하지 않는 경향이 커, 이들이 어떤 방식으로 연대감을 형성하고 공동의 이익을 실현할 수 있을지 고민이 필요하다(김은비, 2025). 또한 이들의 특수한 근로 형태는 기존 법 체계가 충분히 보호하지 못하는 사각 지대를 만들 수 있어, 이에 대한 제도적 보완이 요구된다.

원격 협업 도구의 발달로 재택근무와 원격 근무가 빠르게 확산된 점도 주목할 필요가 있다. 그러나 이는 기존의 사무실 근무와 달리 산업 재해 인정 기준, 근무 시간 경계의 모호성, 초과 근무 보상 문제 등 새로운 법적 쟁점을 야기하고 있다. 이는 과거에는 상대적으로 논의되지 않았던 부분으로, 노동법과 노동권의 현대화를 촉발하는 중요한 배경이 된다. 나아가 AI 기반 채용 · 평가 · 업무 배정 등 인사 관리 방식의 확산도 새로운 도전 과제를 제기한다. 데이터 품질 관리, 알고리즘 검증 기준, 설명 가능성(Explainability) 확보를 위한 법제 정비가 필요하며, 특히 AI 활용이 근로자의 채용과 평가에 미치는 영향이 크기 때문에 사회적 합의가 반드시 전제되어야 한다(김소담, 2025). 더불어 AI에 활용되는 개인정보 보호에 대한 법적 장치 마련도 병행되어야 한다.

결국 노동법의 현대화는 기존 제도의 단순한 연장이 아니라, 변화한 고용 형태와 일하는 방식을 반영한 새로운 규범 체계의 수립을 의미한다. 플랫폼 노동자와 원격 근무자의 권리를 보장하면서도 기업의 경쟁력과 고용 유연성을 조화시킬 수 있는 사회적 합의가 필요하다. 특히 AI 시대에 등장하는 새로운 직무와 근로 형태를 포괄하는 법적 안전망을 마련해, 노동권 보호의 범위를 시대 변화에 맞게 확장해 나가야 한다.

AI 시대 사회 안전망 강화 정책

AI는 일자리 창출과 생산성 향상이라는 기회를 제공하는 동시에, 소득 양극화와 사회적 긴장을 심화시킬 위험도 안고 있다. 따라서 이에 대응하기 위한 사회 안전망 강화 정책이 필요하다.

먼저 긱 워커 · 프리랜서 · 스폿 워커 등 새로운 고용 형태 종사자들을 고용 보험 체계에 포함시켜 제도적 사각 지대를 해소해야 한다. 또한 AI 활용 역량 격차는 새로운 불평등을 낳을 수 있다. 디지털 친화력이 낮은 고령층, 저숙련 노동자, 취약 계층은 소외될 위험이 크므로, 이들을 대상으로 맞춤형 재교육과 AI 리터러시 교육, 특화 훈련 프로그램을 제공하여 포용적 성장을 지원해야 한다. 나아가 산업 구조 변화 과정에서 불가피하게 발생하는 실업에 대해서도 정부가 적극적으로 새로운 역량 습득 기회를 마련해 주어야 한다.

장기적으로는 AI 발전으로 자본 소득 비중이 커지고 일자리가 줄어들 경우, 로봇세(Robot Tax)나 기본소득(Basic Income) 제도와 같은 대안적 정책을 사회적으로 검토할 필요가 있다. 더불어 기존 사회 안전망에도 AI를 접목해 효율성을 높여야 한다. 예컨대 위기 가구 조기 발굴, 맞춤형 복지 서비스, 고령층 돌봄, 장애인 보조, 산업 재해 예방 시스템 등에 AI를 활용하면 복지의 접근성과 성과를 동시에 강화할 수 있을 것이다.

참고문헌

김소담(2025). "미국과 한국의 AI 채용 분야 정책 현황". 《KISDI Perspectives》, 2.

김은비(2025). “AI시대, 노동법 재설계 필요해… 국가적 직업능력계발 지원도 [좋은 일자리 포럼] 권혁 고려대 노동대학원 교수”. 이데일리 마켓인. https://marketin.edaily.co.kr/News/ReadE?newsId=03768726642140712

10
AI와 협업하는 미래의 일자리

AI는 인간의 역량을 증폭시키는 강력한 도구로 활용될 수 있다. AI와 인간이 협업하여 만들어 갈 미래 일자리 모델에 대해서 살펴보고 일자리 미래 전망을 제시한다.

AI와 미래 의사?

AI, 단순 업무를 넘어 인지 노동까지 위협한다

AI 기술, 특히 생성형 AI의 발전과 보급은 노동시장의 광범위한 변화를 예고하고 있다(홍성민, 2024). IMF 보고서에 따르면 AI가 전 세계 일자리의 약 40%에 영향을 미칠 것으로 전망했으며, 특히 선진국에서는 약 60%의 일자리에 영향을 미칠 것이라고 예상했다(Georgieva, 2024). 또한 골드만삭스는 전 세계 일자리 중 3억 개가 AI의 영향을 받아 자동화에 대체될 수 있다고 예측하였다(Briggs & Kodnani, 2023). 특히, 과거 AI가 주로 단순 반복 업무 자동화에 머물렀다면, 생성형 AI는 문서 작성, 분석, 의사 결정 지원과 같은 인지적 활동으로 확장되면서 이제 AI는 블루칼라 넘어 화이트칼라 영역의 일자리까지 위협하고 있는 상황이다.

이러한 경향은 한국의 사회 동향 2024 보고서에서도 확인할 수 있다. 보고서에 따르면 육체로 하는 단순 작업이나 감각적 능력이 강조되는 직무는 AI의 영향을 비교적 덜 받았지만, 추론 등 인지 능력이 강조되는 직무일수록 AI의 영향을 크게 받는 것으로 나타났다. 산업별로도 비슷한 패턴이 보인다. 육체적으로 노동이 많이 요구되는 산업에서는 AI 노출도가 낮았지만, 데이터를 분류하거나 패턴을 찾아내는 일이 많은 산업 그리고 소프트웨어 개발처럼 AI를 직접 활용할 수 있는 부분에는 AI 노출도가 높게 나타났다.

이러한 경향은 AI가 이제 언어, 추론, 분석 등 인간의 고차원 능력까지 보완하거나 때로는 대체할 수 있다는 것을 보여준다. 하지만 AI는 이렇게 일자리를 대체하는 것을 넘어서, 기존의 업무 수행 방식을 변화시키고 새로운 가치를 창출하는 역할도 한다. 델 테크놀로지(Dell Technologies)의 창립자 마이클 델(Michael Dell)은 AI는 인간을 대체하는 것이 아닌 역량을 증폭시키는 역할을 할 수 있다고 언급하였다(이한빈 · 박지원, 2025). 예를 들어, 리더는 본인이 몸을 담고 있는 회사가 추구하는 리더십 원칙 커뮤니케이션 스킬과 사례들을 AI에 미리 학습시키고, 구성원 특성과 자신이 전하고 싶은 바를 물어보면 AI는 효과적인 의사소통 방법을 알려주고 리더는 그 방법을 통해 리더십을 강화할 수 있다. 또한 다양한 직무에서 반복적이고 규칙적인 업무는 AI에게 맡김으로써 효율을 높이고, 사람은 보다 창의적이고 전략적인 분야에 집중함으로써 더 큰 가치를 만들어 낼 수 있다.

AI와 인간은 어떻게 협업하는가

과거의 AI가 주로 반복적이고 물리적인 작업의 자동화

에 집중했다면, 생성형 AI는 인지적 업무 처리까지 가능하게 되었다. 이에 따라 AI는 단순한 대체 수단을 넘어, 잘 협업할 경우 인간의 역량을 증폭시키는 강력한 도구로 활용될 수 있다. 이러한 특성을 반영해 AI를 '증강 지능(Augmented Intelligence)'이라고 부르기도 한다. 이와 같은 AI의 특징을 적극적으로 활용한다면, 미래의 일자리에서 인간은 더욱 높은 성과를 창출할 수 있으며, 인간과 AI의 공존과 협업은 더 이상 선택이 아닌 필연적인 흐름이 되고 있다.

따라서 과거 자동화 논의가 인간과 기계를 대립적인 구도로 바라보았다면, 이제는 양자가 협력하여 성과를 증폭시키는 방향으로 패러다임이 변화하고 있다. 예컨대 체스의 '센타우르 모드(centaur mode)'처럼 인간과 컴퓨터가 한 팀을 이루었을 때, 인간만 혹은 컴퓨터만으로 구성된 경우보다 더 강력한 성과를 낸다는 사실이 연구를 통해 밝혀지기도 하였다. 이러한 사례는 일반 업무 영역에도 확장되어 적용될 수 있다는 논의로 이어지고 있다. 실제로 상담원이 AI 챗봇과 협업할 경우, 기본적인 문의는 AI가 신속하게 처리하고 상담원은 복잡한 문제 해결에 집중함으로써 업무 효율과 고객 만족을 동시에 높일 수 있다. 나아가 코딩, 제품 설계, 마케팅 전략 수립, 법률 문서 분석 등의 다양한 업무에서도 생성형 AI와 협업을 통해 그 성과를 올릴 수 있다.

따라서 AI와 인간은 대립적인 관계를 넘어, 각자의 강점을 유기적으로 결합해 활용해야 한다. 인간이 상대적으로 우위에 있는 영역은 창의성과 혁신적 사고, 감정과 공감 능력, 윤리적 판단과 가치 선택, 복잡한 맥락 이해, 그리고 적응과 유연성이다. 반면 AI가 강점을 보이는 영역은 대규모 데이터 처리, 패턴 인식과 예측, 반복적 · 정형적 업무 자동화, 24시간 가동과 신속성, 계산의 정확도 등이다. 결국 인간은 방향과 가치를 설정하고 윤리적 활용을 책임지며, AI는 이를 효율적으로 실행하는 도구로 기능함으로써 업무 성과를 극대화할 수 있다.

물론 인간과 AI의 협업을 효과적으로 구현하기 위해서는 '업무 프로세스 재설계'와 '조직 문화 변화'가 반드시 수반되어야 한다. 또한 사람과 AI가 상호 보완적 관계를 맺을 때, 누가 어떤 의사 결정을 내리고 어떻게 책임질 것인지에 대한 원칙도 명확히 정립되어야 한다. 아울러 직원들이 AI와 협력할 수 있도록 '역량 강화 교육'과 'AI 활용 윤리 교육'이 병행되어야 한다. 이러한 준비가 뒷받침될 때 비로소 조직은 AI와 인간의 시너지를 효과적으로 도출할 수 있다. 이러한 요구는 곧 조직 구조의 변화로 이어진다.

AI와 함께 일하기 위한 조직 구조

AI의 확산은 기업의 조직 구조에도 큰 변화를 요구하고 있다. 단순히 기술을 도입하는 것을 넘어, 사람과 AI가 어떻게 협업할 수 있는지를 제도적으로 설계해야 하기 때문이다. 이에 따라 다양한 조직 모델이 논의되고 있다(박태준 · 강진구, 2023).

대표적인 방식은 COE(Center of Excellence) 지원 구조다. AI 전문가 수가 많지 않은 기업에서 전문가를 한데 모아 COE를 구성하고 각 현업 부서에서는 AI 활용 및 적용을 위한 AI 비즈니스 파트너(BP)를 배치해 협업하는 방식이다. 초기 단계 기업에서 제한된 인력을 효율적으로 활용하는 데 적합한 조직 구조이며, 이 구조를 활용하는 대표적인 기업은 Unilever, P&G, GM 등을 들 수 있다. 전문 인력이 늘어나면 매트릭스 구조를 활용할 수 있다. 특정 부서의 도메인 전문가와 AI 전문가가 함께 일하며, 사업 부서와 기술 부서에 동시에 보고하는 체계를 가지고 있다. 품질 관리팀과 데이터팀이 협력해 불량률 예측 모델을 운영하는 방식이 그 예다(박태준 · 강진구, 2023).

허브 앤 스포크(Hub & Spoke)는 조직 내 AI 전문가 비중이 높거나 AI 기반한 사업/서비스를 운영하는 미국 IT 기업에서 많이 활용하는 구조로, 허브팀이 기술을 지원하고, 스포크팀은 독립적으로 사업을 추진한다. 이 조직 구조를 활용하는 대표적인 기업은 IBM, Microsoft, Google 등이 있다. 특히, 이 구조는 안정성과 속도를 동시에 확보할 수 있어 글로벌 기업들이 선호한다. 마지막으로 AI가 보편화되면 현업 주도형 구조가 이상적이다. 이 구조는 많은 전문가가 예상하는 미래형 조직 형태다. 대부분의 부서가 AI 활용 역량을 갖춘 도메인 전문가와 AI가 협력하여 업무를 처리하고, 중앙 조직은 최소한의 관리만 한다. 이때 AI는 단순한 도구를 넘어 의사 결정에 참여하는 협력자로 기능한다(박태준 · 강진구, 2023).

결국 어떤 구조를 택하든 중요한 점은, 직장인에게 AI는 더 이상 멀리 있는 기술이 아니라 함께 일하는 동료가 된다는 사실이다. 반복 업무는 줄고, 창의적이고 중요한 일에 집중할 기회가 늘어날 것이다. 따라서 AI를 두려움이 아닌 파트너로 받아들이는 태도가 개인의 경쟁력을 좌우하게 될 것이다.

참고문헌

박태구·강진구(2023). "AI와 인간의 공존 시대, HR의 역할".

LG경영연구원.
이상민(2024.2). "인공지능과 미래의 일자리". 《노동법률》, 393.
이한빈·박지원(2025). 《리더가 AI를 만났을 때, AI 증강 리더》.
LG경영연구원.
전병유(2024). "인공지능(AI)이 일자리에 치는 잠재적 영향".
《한국의 사회동향 2024》. 통계청.
홍성민(2024). "AI에 의한 노동시장 변화 대응 입법연구".
한국법제연구원.
Hatzius, J. et al.(2023). The potentially large effects of artificial intelligence on economic growth. Goldman Sachs Research.
Georgieva, K.(2024). AI will transform the global economy. Let's make sure it benefits humanity. IMF Blog.
https://www.imf.org/en/Blogs/Articles/2024/01/14/ai-will-transform-the-global-economy-lets-make-sure-it-benefits-humanity

김창일

공공기관 인사팀에서 근무하고 있다. 한국외국어대학교 행정학 학사학위, 서울과학기술대학교 IT정책전문대학원 AI공공정책전공에서 정책학(조직관리, 인사) 박사학위를 받았다. 브런치스토리에서 'HRKIM'이라는 필명으로 HR와 AI에 관한 글을 작성하고 있으며 주요 저서로는 《AI와 HR》, 《찐 실전 챗GPT(생성형 AI & HR 대혁명)》이 있다. 그 외에도 "A study on the effect of change management on organizational Innovation: Focusing on the mediating effect of members' innovative behavior"(2021), "침해 경험 및 정보보호 인식이 정보보호 행동에 미치는 영향에 대한 연구: 이중 프로세스 이론을 중심으로"(2019) 등의 논문을 KCI, SSCI, SCOPUS 등재 학술지에 게재했다.